Sapore d'Oriente
La Cucina Cinese Autentica

Giulia Bianchi

Indice

Manzo Croccante Con Salsa Al Curry 10

Arrosto di manzo al curry 11

Manzo al curry fritto 12

Carne Con Aglio 13

Manzo allo zenzero 14

Stufato Di Manzo Rosso Allo Zenzero 15

Manzo con fagiolini 16

Carne calda 17

Pezzi di carne calda 18

Manzo con taccole 20

Arrosto di manzo marinato 21

Carne Fritta e Funghi 22

Carne Fritta Marinata 23

Arrosto di manzo con funghi 25

Manzo Fritto Con Tagliatelle 27

Manzo con Spaghetti di Riso 28

Carne Con Cipolla 29

Carne e Piselli 30

Manzo Crackle con cipolle fritte 31

Carne con scorza d'arancia essiccata 32

Carne con salsa di ostriche 33

Carne Al Pepe 34

Bistecca al pepe 35

Manzo Con Peperoni 36

Pezzi di carne fritti con pepe verde 37

Manzo con sottaceti cinesi 38

Bistecca con patate 39

Carne Cotta Rossa 40

Carne salata 41

Manzo tritato 42

Manzo tritato in stile familiare 43

Carne tritata stagionata 44

Manzo Marinato Con Spinaci 45
Manzo Di Fagioli Neri Con Scalogno 47
Manzo Fritto Con Erba Cipollina 48
Carne ed Erba Cipollina con Salsa di Pesce 49
Carne Al Vapore 50
Stufato di manzo 51
Petto di manzo in umido 52
Carne Brasata 54
Strisce di bistecca 55
Manzo Al Vapore Con Patate Dolci 56
Filetto di manzo 57
Toast Di Carne 58
Carne tagliuzzata con tofu e pepe 59
Carne al sapore di pomodoro 60
Stracotto Di Manzo Rosso Con Rape 61
Carne con verdure 62
Carne in umido 64
Bistecca Ripiena 65
Gnocchi di carne 67
Polpette Croccanti 68
Carne Macinata Con Anacardi 70
Carne in salsa rossa 71
Gnocchi Di Carne Con Riso Glutinoso 72
Polpette Con Salsa Agrodolce 73
Budino Di Carne Al Vapore 75
Carne macinata al vapore 76
Carne macinata fritta con salsa di ostriche 77
involtini di carne 78
Gnocchi Di Carne E Spinaci 79
Manzo fritto con tofu 80
Agnello con asparagi 81
Arrosto di agnello 82
Agnello con fagiolini 83
Arrosto di agnello 84
Agnello Con Broccoli 85
Agnello con castagne d'acqua 86

Agnello con cavolo cappuccio 87

Chow Mein di agnello 88

Curry di agnello 90

Agnello profumato 91

Cubi di agnello alla griglia 92

Agnello con taccole 93

Agnello marinato 94

Agnello ai Funghi 95

Agnello con salsa di ostriche 96

Agnello Cotto Rosso 97

Agnello all'erba cipollina 98

Bistecche di agnello tenere 99

stufato d'agnello 100

Agnello Fritto 102

Agnello e Verdure 103

Agnello con tofu 105

arrosto di agnello 106

Agnello Arrosto Con Senape 107

Petto di agnello ripieno 108

Arrosto di agnello 109

Agnello e Riso 110

Salice di agnello 111

Maiale alle mandorle 112

Maiale con germogli di bambù 113

Maiale arrosto 114

Maiale e germogli di soia 115

Pollo fritto semplice 117

Pollo In Salsa Di Pomodoro 118

Pollo al pomodoro 119

Pollo in camicia con pomodoro 120

Pollo e pomodori con salsa di fagioli neri 121

Pollo cotto velocemente con verdure 122

Pollo alle noci 123

Pollo alle noci 124

Pollo alle Castagne d'Acqua 125

Pollo Saporito Con Castagne D'acqua 126

Wonton di pollo......127
Ali di pollo croccanti 128
Ali di pollo alle cinque spezie 129
Ali di pollo marinate 130
Vere ali di pollo 132
Ali di pollo condite......133
Cosce Di Pollo Al Forno 134
Cosce di pollo Hoisin......135
Pollo arrosto......136
Pollo fritto croccante 137
Pollo fritto intero 138
Pollo alle cinque spezie 139
Pollo allo zenzero ed erba cipollina......141
pollo in camicia 142
Pollo bollito rosso......143
Pollo Condito Bollito Rosso 144
Pollo Arrosto Con Sesamo......145
Pollo in salsa di soia......146
Pollo al vapore......147
Pollo Al Vapore Con Anice......148
Pollo dal sapore strano......149
Pezzi di pollo croccanti......150
Pollo con fagiolini 151
Pollo Stufato Con Ananas......152
Pollo con peperoni e pomodorini 153
Pollo al sesamo......154
Polli fritti......155
Türkiye con Taccone 156
Tacchino con peperoni......158
Tacchino arrosto cinese......160
Tacchino con noci e funghi......161
Anatra con germoglio di bambù......162
Anatra con germogli di soia 163
Anatra arrosto......164
Anatra al Vapore con Sedano......165
Anatra allo zenzero......166

Anatra con fagiolini *167*
Anatra fritta al vapore *168*
Anatra ai Frutti Esotici *169*
Anatra arrosto con foglie cinesi *171*
Anatra ubriaca *172*
Anatra alle Cinque Spezie *173*
Anatra fritta con zenzero *174*
Anatra con Prosciutto e Porro *175*
Anatra arrosto al miele *176*
Anatra arrosto umida *177*
Anatra Fritta Con Funghi *178*
Anatra con due funghi *180*
Anatra arrosto con cipolla *181*
Anatra all'arancia *183*
Anatra Arrosto Con L'arancia *184*
Anatra con Pere e Castagne *185*
anatra pechinese *186*
Anatra arrosto con ananas *188*
Anatra fritta con ananas *189*
Anatra all'ananas e zenzero *190*
Anatra con Ananas e Litchi *191*
Anatra con Maiale e Castagne *192*
Anatra con patate *193*
Anatra bollita rossa *195*
Anatra arrosto con vino di riso *196*
Anatra al vapore con vino di riso *197*
Anatra salata *198*
Anatra saporita con fagiolini *199*
Anatra cotta lentamente *200*
Anatra fritta *202*
Anatra con patate dolci *203*
Anatra in agrodolce *205*
Anatra al mandarino *206*
Anatra con verdure *207*
Anatra Fritta Con Verdure *209*
Anatra in umido bianca *210*

Anatra al vino *211*
Anatra al vapore di vino *212*
fagiano fritto *213*
Fagiano alle Mandorle *214*
Cervo Con Funghi Secchi *215*
Uova Salate *216*
Uova di soia *217*
Uova Di Tè *218*
crema pasticciera *219*
Uova al vapore *220*

Manzo Croccante Con Salsa Al Curry

Serve 4

1 uovo sbattuto

15 ml/1 cucchiaio di farina di mais (amido di mais)

5 ml/1 cucchiaino di bicarbonato di sodio (bicarbonato di sodio)

15 ml/1 cucchiaio di vino di riso o sherry secco

15 ml/1 cucchiaio di salsa di soia

225 g/8 once di manzo magro, tagliato a fette

90 ml/6 cucchiai di olio

Pasta di curry da 100 g/4 once

Mescolare insieme l'uovo, la maizena, il bicarbonato di sodio, il vino o lo sherry e la salsa di soia. Aggiungere la carne e 15 ml/1 cucchiaio di olio. Scaldare l'olio rimanente e friggere il composto di carne e uova per 2 minuti. Togliere la carne e scolare l'olio. Aggiungere la pasta di curry nella padella e portare a ebollizione, quindi aggiungere nuovamente la carne nella padella, mescolare bene e servire.

Arrosto di manzo al curry

Serve 4

45 ml/3 cucchiai di olio di arachidi

5 ml/1 cucchiaino di sale

1 spicchio d'aglio schiacciato

Bistecca a cubetti da 450 g/1 libbra

4 scalogni (scalogno), affettati

1 fetta di radice di zenzero tritata

30 ml/2 cucchiai di curry in polvere

15 ml/1 cucchiaio di vino di riso o sherry secco

15 ml/1 cucchiaio di zucchero

400 ml/14 fl oz/1 tazza di brodo di manzo

15 ml/1 cucchiaio di farina di mais (amido di mais)

45 ml/3 cucchiai di acqua

Scaldare l'olio d'oliva e soffriggere il sale e l'aglio fino a quando saranno leggermente dorati. Aggiungere la bistecca e mescolare con l'olio, quindi aggiungere il cipollotto e lo zenzero e far rosolare finché la carne non sarà dorata su tutti i lati Aggiungere il curry in polvere e friggere per 1 minuto. Aggiungere il vino o lo sherry e lo zucchero, quindi aggiungere il brodo, portare a ebollizione, coprire e cuocere per circa 35 minuti finché la carne sarà tenera. Mescolare la farina di mais e l'acqua fino a formare una pasta, unirla alla salsa e cuocere, mescolando, finché la salsa non si sarà addensata.

Manzo al curry fritto

Serve 4

225 g/8 once di carne magra

30 ml/2 cucchiai di olio di arachidi

1 cipolla grande, affettata

30 ml/2 cucchiai di curry in polvere

1 fetta di radice di zenzero tritata

15 ml/1 cucchiaio di vino di riso o sherry secco

120 ml/4 fl oz/¬Ω tazza di brodo di manzo

5 ml/1 cucchiaino di zucchero

15 ml/1 cucchiaio di farina di mais (amido di mais)

45 ml/3 cucchiai di acqua

Tagliare la carne a fettine sottili contro la grana. Scaldare l'olio e friggere la cipolla fino a renderla traslucida. Aggiungete il curry e lo zenzero e fate rosolare per qualche secondo. Aggiungere la carne e friggerla fino a doratura. Aggiungere il vino o lo sherry e

il brodo, portare a ebollizione, coprire e cuocere per circa 5
minuti fino a quando la carne sarà cotta. Mescolare lo zucchero,

farina di mais e acqua, aggiungete nella padella e fate cuocere,
mescolando, finché la salsa non si sarà addensata.

Carne Con Aglio

Serve 4

350 g/12 once di manzo magro, tagliato a fette
4 spicchi d'aglio affettati
1 peperoncino rosso a fette
45 ml/3 cucchiai di salsa di soia
45 ml/3 cucchiai di olio di arachidi
5 ml/1 cucchiaino di farina di mais (amido di mais)
15 ml/1 cucchiaio di acqua

Mescolare la carne con l'aglio, il peperoncino e 30 ml/2 cucchiai
di salsa di soia e lasciare riposare per 30 minuti, mescolando di
tanto in tanto. Scaldare l'olio e friggere il composto di carne per
qualche minuto fino a quasi cottura. Mescolare gli altri

ingredienti fino a formare una pasta, aggiungerla nella padella e continuare a friggere fino a quando la carne sarà cotta.

Manzo allo zenzero

Serve 4

15 ml/1 cucchiaio di olio di arachidi
450 g/1 libbra di manzo magro, affettato
1 cipolla, affettata sottilmente
2 spicchi d'aglio schiacciati
2 pezzi di zenzero cristallizzato, affettato sottilmente
15 ml/1 cucchiaio di salsa di soia
150 ml/$\neg^{\circ}$ pt/una generosa tazza d'acqua
2 gambi di sedano, tagliati in diagonale
5 ml/1 cucchiaino di sale

Scaldare l'olio e friggere la carne, la cipolla e l'aglio fino a doratura. Aggiungere lo zenzero, la salsa di soia e l'acqua, portare ad ebollizione, coprire e cuocere a fuoco lento per 25 minuti. Aggiungere il sedano, coprire e cuocere per altri 5 minuti. Cospargere di sale prima di servire.

Stufato Di Manzo Rosso Allo Zenzero

Serve 4

450 g/1 libbra di carne magra

2 fette di radice di zenzero tritata

4 erba cipollina (erba cipollina), tritata

120 ml/4 fl oz/¬Ω tazza di salsa di soia

60 ml/4 cucchiai di vino di riso o sherry secco

400 ml/14 fl oz/1 tazza di acqua

15 ml/1 cucchiaio di zucchero di canna

Mettere tutti gli ingredienti in una pentola alta, portare ad ebollizione, coprire e cuocere, girando di tanto in tanto, per circa 1 ora, finché la carne sarà tenera.

Manzo con fagiolini

Serve 4

Bistecca di scamone tagliata sottile da 225 g/8 oz

30 ml/2 cucchiai di farina di mais (amido di mais)

15 ml/1 cucchiaio di vino di riso o sherry secco

15 ml/1 cucchiaio di salsa di soia

30 ml/2 cucchiai di olio di arachidi

2,5 ml/¬Ω cucchiaino di sale

2 spicchi d'aglio schiacciati

225 g/8 once di fagiolini

225 g/8 once di germogli di bambù, affettati

50 g/2 once di funghi, affettati

50 g/2 oz castagne d'acqua, a fette

150 ml/¬° pt/¬Ω tazza generosa di brodo di pollo

Metti la bistecca in una ciotola. Mescolare 15 ml/1 cucchiaio di farina di mais, vino o sherry e salsa di soia, aggiungere alla carne e lasciare marinare per 30 minuti. Scaldare l'olio d'oliva con il sale e l'aglio e friggere fino a quando l'aglio sarà leggermente dorato. Aggiungere la carne e la marinata e friggere per 4 minuti. Aggiungere i fagioli e farli rosolare per 2 minuti. Aggiungere gli ingredienti rimanenti, portare a ebollizione e cuocere per 4 minuti. Mescolare la restante farina di mais con a

un po' d'acqua e unirla alla salsa. Cuocere, mescolando, finché la salsa non si schiarisce e si addensa.

Carne calda

Serve 4

450 g/1 libbra di carne magra

6 scalogni (scalogno), affettati

4 fette di radice di zenzero

15 ml/1 cucchiaio di vino di riso o sherry secco

15 ml/1 cucchiaio di salsa di soia

4 peperoni rossi secchi, tritati

10 grani di pepe

1 spicchio di anice stellato

300 ml/¬Ω pt/1¬° tazza d'acqua

2,5 ml/¬Ω cucchiaino di olio al peperoncino

Mettete la carne in una ciotola con 2 cipollotti, 1 fetta di zenzero e metà del vino e lasciate marinare per 30 minuti. Portare a ebollizione una grande pentola d'acqua, aggiungere la carne e far bollire fino a doratura

su tutti i lati, rimuovere e scolare. Mettete i restanti cipollotti, lo zenzero e il vino o lo sherry in una padella con il peperoncino, il pepe in grani e l'anice stellato e aggiungete l'acqua. Portare a ebollizione, aggiungere la carne, coprire e cuocere per circa 40 minuti finché la carne sarà tenera. Togliere la carne dal liquido e scolarla bene. Tagliatela a fettine sottili e disponetela su un piatto caldo. Servire cosparso di olio al peperoncino.

Pezzi di carne calda

Serve 4

150 ml/¬° pt/¬Ω tazza generosa di olio di arachidi (arachidi)
450 g/1 libbra di manzo magro, tagliato contro vena
45 ml/3 cucchiai di salsa di soia
15 ml/1 cucchiaio di vino di riso o sherry secco

1 fetta di radice di zenzero tritata

1 peperoncino rosso secco, tritato

2 carote grattugiate

2 gambi di sedano, tagliati in diagonale

10 ml/2 cucchiaini di sale

225 g/8 once/1 tazza di riso a grani lunghi

Scaldare due terzi dell'olio e friggere la carne, la salsa di soia e il vino o lo sherry per 10 minuti. Togliere la carne e riservare la salsa. Scaldare l'olio rimasto e friggere lo zenzero, il pepe e le carote per 1 minuto. Aggiungere il sedano e soffriggere per 1 minuto. Aggiungere la carne, il sale e friggere per 1 minuto.

Nel frattempo cuocere il riso in acqua bollente per circa 20 minuti finché sarà tenero. Scolare bene e disporre su un piatto. Versare sopra il composto di carne e la salsa piccante.

Manzo con taccole

Serve 4

225 g/8 once di carne magra

30 ml/2 cucchiai di farina di mais (amido di mais)

5 ml/1 cucchiaino di zucchero

5 ml/1 cucchiaino di salsa di soia

10 ml/2 cucchiaini di vino di riso o sherry secco

30 ml/2 cucchiai di olio di arachidi

2,5 ml/¬Ω cucchiaino di sale

2 fette di radice di zenzero tritata

225 g/8 once di taccole (piselli)

60 ml/4 cucchiai di brodo di carne

10 ml/2 cucchiaini di acqua

pepe appena macinato

Tagliare la carne a fettine sottili contro la grana. Mescolare metà della farina di mais, dello zucchero, della salsa di soia e del vino o dello sherry, aggiungere alla carne e mescolare bene per ricoprirla. Scaldate metà dell'olio e fate soffriggere il sale e lo zenzero per qualche secondo. Aggiungere le taccole e mescolare per ricoprire con olio. Aggiungere il brodo, portare a ebollizione e mescolare bene, quindi togliere le taccole e il liquido dalla padella. Scaldare l'olio rimanente e friggere la carne fino a leggera doratura. Riporta le taccole nella padella. Mescolare il

la rimanente farina di mais con l'acqua, mescolare nella padella e condire con pepe. Cuocere, mescolando, finché la salsa non si addensa.

Arrosto di manzo marinato

Serve 4

Bistecca di manzo da 450 g/1 libbra
75 ml/5 cucchiai di salsa di soia
60 ml/4 cucchiai di vino di riso o sherry secco
5 ml/1 cucchiaino di sale
15 ml/1 cucchiaio di farina di mais (amido di mais)
45 ml/3 cucchiai di olio di arachidi
15 ml/1 cucchiaio di zucchero di canna
15 ml/1 cucchiaio di aceto di vino

Forare la bistecca in più punti e metterla in una ciotola. Mescolare la salsa di soia, il vino o lo sherry e il sale, versare sulla carne e lasciare riposare per 3 ore, girando di tanto in tanto. Scolare la carne ed eliminare la marinata. Asciugare la carne e cospargerla con farina di mais. Scaldare l'olio e friggere la carne finché non sarà dorata su tutti i lati. Aggiungete lo zucchero e l'aceto di vino e acqua quanto basta per coprire la carne. Portare a ebollizione, coprire e cuocere per circa 1 ora finché la carne sarà tenera.

Carne Fritta e Funghi

Serve 4

225 g/8 once di carne magra
15 ml/1 cucchiaio di farina di mais (amido di mais)
15 ml/1 cucchiaio di vino di riso o sherry secco
15 ml/1 cucchiaio di salsa di soia
2,5 ml/¬Ω cucchiaino di zucchero
45 ml/3 cucchiai di olio di arachidi
1 fetta di radice di zenzero tritata
2,5 ml/¬Ω cucchiaino di sale
225 g/8 once di funghi, affettati
120 ml/4 fl oz/¬Ω tazza di brodo di manzo

Tagliare la carne a fettine sottili contro la grana. Mescolare la maizena, il vino o lo sherry, la salsa di soia e lo zucchero, aggiungere alla carne e mescolare bene per ricoprire. Scaldare l'olio e friggere lo zenzero per 1 minuto. Aggiungere la carne e friggerla fino a doratura. Aggiungete il sale ed i funghi e mescolate bene. Aggiungere il brodo, portare a ebollizione e cuocere, mescolando, finché la salsa non si sarà addensata.

Carne Fritta Marinata

Serve 4

450 g/1 libbra di manzo magro, affettato
2 spicchi d'aglio schiacciati
60 ml/4 cucchiai di salsa di soia
15 ml/1 cucchiaio di zucchero di canna
5 ml/1 cucchiaino di sale
30 ml/2 cucchiai di olio di arachidi

Mettete la carne in una ciotola e aggiungete l'aglio, la salsa di soia, lo zucchero e il sale. Mescolare bene, coprire e lasciare marinare per circa 2 ore, girando di tanto in tanto. Scolatele, eliminando la marinata. Scaldare l'olio e friggere la carne fino a doratura su tutti i lati e servire subito.

Arrosto di manzo con funghi

Serve 4

1 kg/2 libbre di manzo

sale e pepe macinato fresco

60 ml/4 cucchiai di salsa di soia

30 ml/2 cucchiai di salsa hoisin

30 ml/2 cucchiai di miele

30 ml/2 cucchiai di aceto di vino

5 ml/1 cucchiaino di pepe appena macinato

5 ml/1 cucchiaino di anice macinato

5 ml/1 cucchiaino di coriandolo macinato

6 funghi cinesi secchi

60 ml/4 cucchiai di olio di arachidi

5 ml/2 cucchiaino di farina di mais (amido di mais)

15 ml/1 cucchiaio di acqua

Pomodori in scatola da 400 g/14 once

6 cipolline (erba cipollina), tagliate a listarelle

2 carote grattugiate

30 ml/2 cucchiai di salsa di prugne

60 ml/4 cucchiai di erba cipollina tritata

Forare più volte la carne con una forchetta. Condire con sale e pepe e mettere in una ciotola. Mescolare le salse, il miele, l'aceto di vino, il pepe e gli aromi, versare sulla carne, coprire e lasciare marinare in frigorifero per una notte.

Mettere a bagno i funghi in acqua tiepida per 30 minuti e poi scolarli. Eliminare i gambi e tagliare le sommità. Scaldare l'olio e friggere la carne fino a doratura, girandola spesso. Mescolare la farina di mais e l'acqua e aggiungerla nella padella con i pomodori. Portare a ebollizione, coprire e cuocere a fuoco lento per circa 1¬Ω ore fino a quando saranno teneri. Aggiungete i cipollotti e le carote e continuate la cottura per 10 minuti finché le carote saranno tenere. Aggiungere la salsa di prugne e cuocere per 2 minuti. Togliere la carne dal sugo e tagliarla a fette spesse. Rimettere la salsa a scaldare e servire cosparsa di erba cipollina.

Serve 4

100 g/4 once di pasta all'uovo sottile

30 ml/2 cucchiai di olio di arachidi

225 g/8 once di manzo magro, tritato

30 ml/2 cucchiai di salsa di soia

15 ml/1 cucchiaio di vino di riso o sherry secco

2,5 ml/¬Ω cucchiaino di sale

2,5 ml/¬Ω cucchiaino di zucchero

120 ml/4 fl oz/¬Ω tazza di acqua

Mettere a bagno la pasta finché non sarà leggermente ammorbidita, quindi scolarla e tagliarla in pezzi lunghi 7,5 cm/3. Scaldare metà dell'olio e friggere la carne fino a doratura. Aggiungere la salsa di soia, il vino o lo sherry, il sale e lo zucchero e friggere per 2 minuti, quindi togliere dalla padella. Scaldare l'olio rimanente e friggere le tagliatelle fino a ricoprirle di olio. Riportare il composto di carne nella padella, aggiungere l'acqua e portare a ebollizione. Salare e cuocere a fuoco lento per circa 5 minuti fino a quando il liquido non verrà assorbito.

Serve 4

4 funghi cinesi secchi

30 ml/2 cucchiai di olio di arachidi

2,5 ml/¬Ω cucchiaino di sale

225 g/8 once di manzo magro, tagliato a fette

100 g/4 oz di germogli di bambù, affettati

100 g/4 oz di sedano a fette

1 cipolla affettata

120 ml/4 fl oz/¬Ω tazza di brodo di manzo

2,5 ml/¬Ω cucchiaino di zucchero

10 ml/2 cucchiaino di farina di mais (amido di mais)

5 ml/1 cucchiaino di salsa di soia

15 ml/1 cucchiaio di acqua

100 g/4 once di spaghetti di riso

olio per friggere

Mettere a bagno i funghi in acqua tiepida per 30 minuti e poi scolarli. Eliminare i gambi e tagliare le sommità. Scaldare metà dell'olio e friggere il sale e la carne finché diventano leggermente dorati e togliere dalla padella. Scaldare l'olio rimanente e friggere le verdure fino a renderle morbide. Aggiungere il brodo e lo zucchero e portare ad ebollizione. Riportare la carne nella padella, coprire e cuocere per 3 minuti. Mescolare la farina di mais, la salsa di soia e l'acqua, aggiungere nella padella e cuocere, mescolando, finché non si addensa. Nel frattempo friggere le tagliatelle di riso in olio bollente per qualche secondo fino a renderle croccanti e croccanti e servire sopra la carne.

Carne Con Cipolla

Serve 4

60 ml/4 cucchiai di olio di arachidi

300 g/11 oz di manzo magro, tagliato a listarelle

100 g/4 oz di cipolla, tagliata a listarelle

15 ml/1 cucchiaio di brodo di pollo

5 ml/1 cucchiaino di vino di riso o sherry secco

5 ml/1 cucchiaino di zucchero

5 ml/1 cucchiaino di salsa di soia

sale

olio di sesamo

Scaldare l'olio e friggere la carne e la cipolla a fuoco vivace fino a quando saranno leggermente dorate. Aggiungere il brodo, il vino o lo sherry, lo zucchero e la salsa di soia e friggere velocemente finché il tutto non sarà ben amalgamato. Condire a piacere con sale e olio di sesamo prima di servire.

Carne e Piselli

Serve 4

30 ml/2 cucchiai di olio di arachidi
450 g/1 libbra di manzo magro, a cubetti
2 cipolle affettate
2 gambi di sedano affettati
100 g/4 oz piselli freschi o surgelati, scongelati
250 ml/8 fl oz/1 tazza di brodo di pollo
15 ml/1 cucchiaio di salsa di soia
15 ml/1 cucchiaio di farina di mais (amido di mais)

Scaldare l'olio e friggere la carne fino a doratura leggera. Aggiungete la cipolla, il sedano e i piselli e fate soffriggere per 2 minuti. Aggiungere il brodo e la salsa di soia, portare ad ebollizione, coprire e cuocere a fuoco lento per 10 minuti. Mescolare la farina di mais con un po' d'acqua e unirla alla salsa. Cuocere, mescolando, finché la salsa non si schiarisce e si addensa.

Manzo Crackle con cipolle fritte

Serve 4

225 g/8 once di carne magra
2 erba cipollina (erba cipollina), tritata
30 ml/2 cucchiai di salsa di soia
30 ml/2 cucchiai di vino di riso o sherry secco
30 ml/2 cucchiai di olio di arachidi
1 spicchio d'aglio schiacciato
5 ml/1 cucchiaino di aceto di vino
qualche goccia di olio di sesamo

Tagliare la carne a fettine sottili contro la grana. Mescolare i cipollotti, la salsa di soia e il vino o lo sherry, aggiungere alla carne e lasciare riposare per 30 minuti. Scolatele, eliminando la marinata. Scaldare l'olio d'oliva e friggere l'aglio fino a quando sarà leggermente dorato. Aggiungere la carne e friggerla fino a doratura. Aggiungere l'aceto e l'olio di sesamo, coprire e cuocere per 2 minuti.

Carne con scorza d'arancia essiccata

Serve 4

450 g/1 libbra di manzo magro, tagliato a fettine sottili

5 ml/1 cucchiaino di sale

olio per friggere

30 ml/2 cucchiai di olio di arachidi

100 g/4 oz di buccia d'arancia essiccata

2 peperoni secchi, tritati finemente

5 ml/1 cucchiaino di pepe appena macinato

45 ml/3 cucchiai di brodo di carne

2,5 ml/¬Ω cucchiaino di zucchero

15 ml/1 cucchiaio di vino di riso o sherry secco

5 ml/1 cucchiaino di aceto di vino

2,5 ml/¬Ω cucchiaino di olio di sesamo

Cospargete la carne di sale e lasciatela riposare per 30 minuti. Scaldare l'olio e friggere la carne fino a metà cottura. Rimuovere e scolare bene. Scaldate l'olio e fate soffriggere la buccia d'arancia, il peperoncino e il pepe per 1 minuto. Aggiungere la carne e il brodo e portare a ebollizione. Aggiungete lo zucchero e

l'aceto di vino e fate cuocere finché non rimarrà molto liquido.
Aggiungere l'aceto di vino e l'olio di sesamo e mescolare bene.
Servire su un letto di foglie di lattuga.

Carne con salsa di ostriche

Serve 4

15 ml/1 cucchiaio di olio di arachidi

2 spicchi d'aglio schiacciati

Bistecca di scamone da 450 g/1 libbra, affettata

100 g di funghi champignon

15 ml/1 cucchiaio di vino di riso o sherry secco

150 ml/¬° pt/¬Ω tazza generosa di brodo di pollo

30 ml/2 cucchiai di salsa di ostriche

5 ml/1 cucchiaino di zucchero di canna

sale e pepe macinato fresco

4 scalogni (scalogno), affettati

15 ml/1 cucchiaio di farina di mais (amido di mais)

Scaldare l'olio d'oliva e friggere l'aglio fino a quando sarà
leggermente dorato. Aggiungere la bistecca e i funghi e friggerli
finché non saranno leggermente dorati. Aggiungere il vino o lo
sherry e friggere per 2 minuti. Aggiungere il brodo, la salsa di
ostriche e lo zucchero e condire con sale e pepe. Portare a
ebollizione e cuocere, mescolando di tanto in tanto, per 4 minuti.

Aggiungere l'erba cipollina. Mescolare la maizena con un po' d'acqua e versarla nella padella. Cuocere, mescolando, finché la salsa non si schiarisce e si addensa.

Carne Al Pepe

Serve 4

350 g/12 once di manzo magro, tagliato a listarelle
75 ml/5 cucchiai di salsa di soia
75 ml/5 cucchiai di olio di arachidi
5 ml/1 cucchiaino di farina di mais (amido di mais)
75 ml/5 cucchiai di acqua
2 cipolle affettate
5 ml/1 cucchiaino di salsa di ostriche
pepe appena macinato
cestini di pasta

Marinare la carne con salsa di soia, 15 ml/1 cucchiaio di olio, farina di mais e acqua per 1 ora. Togliere la carne dalla marinata e scolarla bene. Scaldare l'olio rimanente e friggere la carne e la cipolla fino a quando saranno leggermente dorate. Aggiungere la marinata e la salsa di ostriche e condire generosamente con pepe. Portare a ebollizione, coprire e cuocere per 5 minuti, mescolando di tanto in tanto. Servire con cestini di pasta.

Bistecca al pepe

Serve 4

45 ml/3 cucchiai di olio di arachidi

5 ml/1 cucchiaino di sale

2 spicchi d'aglio schiacciati

Bistecca di controfiletto da 450 g/1 libbra, tagliata a fettine sottili

1 cipolla tagliata a fette

2 peperoni verdi, tritati grossolanamente

120 ml/4 fl oz/¬Ω tazza di brodo di manzo

5 ml/1 cucchiaino di zucchero di canna

5 ml/1 cucchiaino di vino di riso o sherry secco

sale e pepe macinato fresco

30 ml/2 cucchiai di farina di mais (amido di mais)

30 ml/2 cucchiai di salsa di soia

Scaldare l'olio con il sale e l'aglio fino a doratura, quindi aggiungere la bistecca e friggerla fino a doratura su tutti i lati. Aggiungere la cipolla e il pepe e friggere per 2 minuti. Aggiungere il brodo, lo zucchero, il vino o lo sherry e condire con sale e pepe. Portare a ebollizione, coprire e cuocere per 5 minuti. Mescolare la farina di mais e la salsa di soia e incorporarli alla salsa. Cuocere, mescolando, fino a quando la salsa si schiarisce e si addensa, aggiungendo eventualmente ancora un po' d'acqua per portare la salsa alla consistenza preferita.

Manzo Con Peperoni

Serve 4

350 g/12 once di manzo magro, tagliato a fettine sottili

3 peperoni rossi, senza semi e tritati

3 cipolline (erba cipollina), tagliate a pezzi

2 spicchi d'aglio schiacciati

15 ml/1 cucchiaio di salsa di fagioli neri

1 carota affettata

3 peperoni verdi, tagliati a pezzi

sale

15 ml/1 cucchiaio di olio di arachidi

5 ml/1 cucchiaino di salsa di soia

45 ml/3 cucchiai di acqua

5 ml/1 cucchiaino di vino di riso o sherry secco

5 ml/1 cucchiaino di farina di mais (amido di mais)

Marinare la carne con il peperoncino, l'erba cipollina, l'aglio, la salsa di fagioli neri e le carote per 1 ora. Sbollentare i peperoni in acqua bollente salata per 3 minuti e scolarli bene. Scaldare l'olio e friggere il composto di carne per 2 minuti. Aggiungere i peperoni e friggere per 3 minuti. Aggiungere salsa di soia, acqua e vino o sherry. Mescolare la maizena con un po' d'acqua, unirla nella padella e cuocere, mescolando, finché la salsa non si sarà addensata.

Pezzi di carne fritti con pepe verde

Serve 4

225 g/8 once di manzo magro, tritato

1 albume d'uovo

15 ml/1 cucchiaio di farina di mais (amido di mais)

2,5 ml/¬Ω cucchiaino di sale

5 ml/1 cucchiaino di vino di riso o sherry secco

2,5 ml/¬Ω cucchiaino di zucchero

olio per friggere

30 ml/2 cucchiai di olio di arachidi

2 peperoni rossi tagliati a cubetti

2 fette di radice di zenzero, grattugiata

15 ml/1 cucchiaio di salsa di soia

2 peperoni verdi grandi, tagliati a cubetti

Mettete la carne in una ciotola con l'albume, la farina di mais, il sale, il vino o lo sherry e lo zucchero e lasciate marinare per 30 minuti. Scaldare l'olio e friggere la carne fino a doratura leggera. Togliere dalla padella e scolare bene. Scaldate l'olio e fate soffriggere il peperone e lo zenzero per qualche secondo. Aggiungere la carne e la salsa di soia e friggere finché sono teneri. Aggiungere i peperoncini verdi, mescolare bene e friggere per 2 minuti. Servire immediatamente.

Manzo con sottaceti cinesi

Serve 4

100 g/4 once di sottaceti cinesi, grattugiati
Bistecca magra da 450 g/1 lb, tagliata contro vena
30 ml/2 cucchiai di salsa di soia
5 ml/1 cucchiaino di sale
2,5 ml/¬Ω cucchiaino di pepe appena macinato
60 ml/4 cucchiai di olio di arachidi
15 ml/1 cucchiaio di farina di mais (amido di mais)

Mescolare bene tutti gli ingredienti e metterli in una ciotola resistente al calore. Mettete la ciotola su una gratella nella vaporiera, coprite e fate cuocere in acqua bollente per 40 minuti fino a quando la carne sarà completamente cotta.

Bistecca con patate

Serve 4

450 g/1 libbra di bistecca

60 ml/4 cucchiai di olio di arachidi

5 ml/1 cucchiaino di sale

2,5 ml/¬Ω cucchiaino di pepe appena macinato

1 cipolla tritata

1 spicchio d'aglio schiacciato

225 g/8 once di patate a cubetti

175 ml/6 fl oz/¬œ tazza di brodo di manzo

250 ml/8 fl oz/1 tazza di foglie di sedano tritate

30 ml/2 cucchiai di farina di mais (amido di mais)

15 ml/1 cucchiaio di salsa di soia

60 ml/4 cucchiai di acqua

Tagliare la bistecca a listarelle e poi a fettine sottili contro la grana. Scaldare l'olio e friggere la bistecca, sale, pepe, cipolla e aglio fino a doratura. Aggiungere le patate e il brodo, portare a ebollizione, coprire e cuocere a fuoco lento per 10 minuti. Aggiungere le foglie di sedano e cuocere per circa 4 minuti finché saranno tenere. Mescolare la farina di mais, la salsa di soia e l'acqua fino a formare una pasta, aggiungere nella padella e cuocere, mescolando, finché la salsa non si schiarisce e si addensa.

Carne Cotta Rossa

Serve 4

450 g/1 libbra di carne magra
120 ml/4 fl oz/¬Ω tazza di salsa di soia
60 ml/4 cucchiai di vino di riso o sherry secco
15 ml/1 cucchiaio di zucchero di canna
375 ml/13 fl oz/1¬Ω tazze di acqua

Mettete la carne, la salsa di soia, il vino o lo sherry e lo zucchero in una padella dal fondo spesso e portate a ebollizione. Coprire e cuocere per 10 minuti, girando una o due volte. Aggiungete l'acqua e lasciate bollire. Coprite e fate cuocere per circa 1 ora finché la carne sarà tenera, aggiungendo eventualmente un goccio di acqua bollente durante la cottura se la carne dovesse asciugarsi troppo. Servire caldo o freddo.

Carne salata

Serve 4

30 ml/2 cucchiai di olio di arachidi

450 g/1 libbra di manzo magro, a cubetti

2 scalogni (scalogno), affettati

2 spicchi d'aglio schiacciati

1 fetta di radice di zenzero tritata

2 spicchi di anice stellato tritato

250 ml/8 fl oz/1 tazza di salsa di soia

30 ml/2 cucchiai di vino di riso o sherry secco

30 ml/2 cucchiai di zucchero di canna

5 ml/1 cucchiaino di sale

600 ml/1 pt/2¬Ω tazze d'acqua

Scaldare l'olio e friggere la carne fino a doratura leggera. Scolare l'olio in eccesso e aggiungere i cipollotti, l'aglio, lo zenzero e il finocchio e soffriggere per 2 minuti. Aggiungere la salsa di soia, il vino o lo sherry, lo zucchero e il sale e mescolare bene. Aggiungere l'acqua, portare ad ebollizione, coprire e cuocere per 1 ora. Togliere il coperchio e cuocere fino a quando la salsa si sarà ridotta.

Manzo tritato

Serve 4

750 g/1¬Ω lb di manzo magro, a cubetti
250 ml/8 fl oz/1 tazza di brodo di manzo
120 ml/4 fl oz/¬Ω tazza di salsa di soia
60 ml/4 cucchiai di vino di riso o sherry secco
45 ml/3 cucchiai di olio di arachidi

Metti la carne, il brodo, la salsa di soia e il vino o lo sherry in una padella dal fondo spesso. Portare a ebollizione e far bollire, mescolando, finché il liquido non evapora. Lasciarlo raffreddare e poi conservare in frigorifero. Sminuzzare la carne con due forchette. Scaldare l'olio, aggiungere la carne e friggerla velocemente fino a ricoprirla d'olio. Continuare la cottura a fuoco medio finché la carne non sarà completamente asciutta. Lasciare raffreddare e servire con pasta o riso.

Manzo tritato in stile familiare

Serve 4

225 g/8 once di manzo tritato

15 ml/1 cucchiaio di salsa di soia

15 ml/1 cucchiaio di salsa di ostriche

45 ml/3 cucchiai di olio di arachidi

1 fetta di radice di zenzero tritata

1 peperoncino rosso tritato

4 gambi di sedano, tagliati in diagonale

15 ml/1 cucchiaio di salsa piccante di fagioli

5 ml/1 cucchiaino di sale

15 ml/1 cucchiaio di vino di riso o sherry secco

5 ml/1 cucchiaino di olio di sesamo
5 ml/1 cucchiaino di aceto di vino
pepe appena macinato

Mettete la carne in una ciotola con la salsa di soia e la salsa di ostriche e lasciate marinare per 30 minuti. Scaldate l'olio e friggete la carne finché sarà leggermente dorata e toglietela dalla padella. Aggiungete lo zenzero e il peperoncino e fate rosolare per qualche secondo. Aggiungere il sedano e friggere fino a metà cottura. Aggiungete la carne, la salsa piccante di fagioli e il sale e mescolate bene. Aggiungere il vino o lo sherry, l'olio di sesamo e l'aceto e friggere fino a quando la carne sarà tenera e gli ingredienti saranno ben amalgamati. Servire spolverato di pepe.

Carne tritata stagionata

Serve 4

90 ml/6 cucchiai di olio di arachidi
450 g/1 libbra di manzo magro, tagliato a listarelle
50 g/2 once di pasta di peperoncino

pepe appena macinato

15 ml/1 cucchiaio di radice di zenzero tritata

30 ml/2 cucchiai di vino di riso o sherry secco

225 g/8 once di sedano, tagliato a pezzi

30 ml/2 cucchiai di salsa di soia

5 ml/1 cucchiaino di zucchero

5 ml/1 cucchiaino di aceto di vino

Scaldare l'olio e friggere la carne fino a doratura. Aggiungere il peperoncino e la pasta di peperoncino e friggere per 3 minuti. Aggiungere lo zenzero, il vino o lo sherry e il sedano e mescolare bene. Aggiungere la salsa di soia, lo zucchero e l'aceto e friggere per 2 minuti.

Manzo Marinato Con Spinaci

Serve 4

450 g/1 libbra di manzo magro, tagliato a fettine sottili

45 ml/3 cucchiai di vino di riso o sherry secco

15 ml/1 cucchiaio di salsa di soia

5 ml/1 cucchiaino di zucchero

2,5 ml/¬Ω cucchiaino di olio di sesamo

450 g/1 libbra di spinaci

45 ml/3 cucchiai di olio di arachidi

2 fette di radice di zenzero tritata

30 ml/2 cucchiai di brodo di carne

5 ml/1 cucchiaino di farina di mais (amido di mais)

Appiattire leggermente la carne premendo con le dita. Mescolare il vino o lo sherry, la salsa di soia, lo sherry e l'olio di sesamo. Aggiungere la carne, coprire e conservare in frigorifero per 2 ore, mescolando di tanto in tanto. Tagliare le foglie degli spinaci a pezzi grossi e i gambi a fette spesse. Scaldare 30 ml/2 cucchiai di olio e friggere i gambi di spinaci e lo zenzero per 2 minuti. Togliere dalla padella.

Riscaldare l'olio rimanente. Scolare la carne, conservando la marinata. Disporre metà della carne nella padella, distribuendo le fette in modo che non si sovrappongano. Cuocere per circa 3 minuti fino a quando saranno leggermente dorati su entrambi i lati. Togliere dalla padella e rosolare il resto della carne, quindi togliere dalla padella. Mescolare il brodo e la farina di mais nella marinata. Aggiungere il composto nella padella e portare a ebollizione. Aggiungere le foglie, i gambi e lo zenzero degli spinaci. Cuocere per circa 3 minuti finché gli spinaci non appassiscono, quindi incorporare la carne. Cuocere per un altro 1 minuto e servire immediatamente.

Manzo Di Fagioli Neri Con Scalogno

Serve 4

225 g/8 once di manzo magro, tagliato a fettine sottili

1 uovo leggermente sbattuto

5 ml/1 cucchiaino di salsa di soia leggera

2,5 ml/¬Ω cucchiaino di vino di riso o sherry secco

2,5 ml/¬Ω cucchiaino di farina di mais (amido di mais)

250 ml/8 fl oz/1 tazza di olio di arachidi (arachidi).

2 spicchi d'aglio schiacciati

30 ml/2 cucchiai di salsa di fagioli neri

15 ml/1 cucchiaio di acqua

6 scalogni (erba cipollina), tagliati in diagonale

2 fette di radice di zenzero, grattugiata

Mescolare la carne con l'uovo, la salsa di soia, il vino o lo sherry e la farina di mais. Lascia riposare per 10 minuti. Scaldare l'olio e friggere la carne fino quasi a cottura. Togliere dalla padella e scolare bene. Versare tutto tranne 15 ml/1 cucchiaio di olio, riscaldare e friggere la salsa di aglio e fagioli neri per 30 secondi. Aggiungere la carne, l'acqua e friggere per circa 4 minuti finché la carne sarà tenera.

Nel frattempo scaldate altri 15 ml/1 cucchiaio di olio e fate soffriggere velocemente i cipollotti e lo zenzero. Disporre la carne su un piatto caldo, guarnire con le cipolline e servire.

Manzo Fritto Con Erba Cipollina

Serve 4

45 ml/3 cucchiai di olio di arachidi

225 g/8 once di manzo magro, tagliato a fettine sottili

8 scalogni (scalogno), affettati

75 ml/5 cucchiai di salsa di soia

15 ml/1 cucchiaio di vino di riso o sherry secco

30 ml/2 cucchiai di olio di sesamo

Scaldare l'olio e friggere la carne e la cipolla fino a quando saranno leggermente dorate. Aggiungere la salsa di soia e il vino o lo sherry e friggere fino a quando la carne sarà cotta secondo i vostri gusti. Aggiungere l'olio di sesamo prima di servire.

Carne ed Erba Cipollina con Salsa di Pesce

Serve 4

350 g/12 once di manzo magro, tagliato a fettine sottili

15 ml/1 cucchiaio di farina di mais (amido di mais)

15 ml/1 cucchiaio di acqua

2,5 ml/¬Ω cucchiaino di vino di riso o sherry secco

pizzico di bicarbonato di sodio (bicarbonato di sodio)

pizzico di sale

45 ml/3 cucchiai di olio di arachidi

6 cipolline (erba cipollina), tagliate a 5 cm/2 pezzi

2 spicchi d'aglio schiacciati

2 fette di zenzero tritato

5 ml/1 cucchiaino di salsa di pesce

2,5 ml/¬Ω cucchiaino di salsa di ostriche

Marinare la carne con farina di mais, acqua, vino o sherry, bicarbonato e sale per 1 ora. Scaldare 30 ml/2 cucchiai di olio d'oliva e friggere la carne con metà dei cipollotti, metà dell'aglio e lo zenzero fino a doratura. Nel frattempo, scaldare l'olio rimasto e friggere i cipollotti, l'aglio e lo zenzero rimasti con la salsa di pesce e la salsa di ostriche fino a renderli morbidi. Mescolare i due e scaldare prima di servire.

Carne Al Vapore

Serve 4

450 g/1 libbra di manzo magro, affettato

5 ml/1 cucchiaino di farina di mais (amido di mais)

2 fette di radice di zenzero tritata

15 ml/1 cucchiaio di salsa di soia

15 ml/1 cucchiaio di vino di riso o sherry secco

2,5 ml/¬Ω cucchiaino di sale

2,5 ml/¬Ω cucchiaino di zucchero

15 ml/1 cucchiaio di olio di arachidi

2 erba cipollina (erba cipollina), tritata

15 ml/1 cucchiaio di prezzemolo tritato

Metti la carne in una ciotola. Mescolare la farina di mais, lo zenzero, la salsa di soia, il vino o lo sherry, il sale e lo zucchero e incorporarli alla carne. Lasciare riposare per 30 minuti, mescolando di tanto in tanto. Disporre le fettine di carne in una pirofila bassa e da forno e cospargerle con olio d'oliva ed erba cipollina. Cuocere su una gratella sopra acqua bollente per circa 40 minuti fino a quando la carne sarà completamente cotta. Servire cosparso di prezzemolo.

Stufato di manzo

Serve 4

15 ml/1 cucchiaio di olio di arachidi
1 spicchio d'aglio schiacciato
1 fetta di radice di zenzero tritata
450 g/1 libbra di manzo brasato, a cubetti
45 ml/3 cucchiai di salsa di soia
30 ml/2 cucchiai di vino di riso o sherry secco

15 ml/1 cucchiaio di zucchero di canna

300 ml/¬Ω pt/1¬° tazza di brodo di pollo

2 cipolle tagliate ad anelli

2 carote, affettate spesse

100 g/4 once di cavolo tritato

Scaldate l'olio con l'aglio e lo zenzero e fate soffriggere fino a quando l'aglio sarà leggermente dorato. Aggiungere la bistecca e friggerla per 5 minuti fino a doratura. Aggiungere la salsa di soia, il vino o lo sherry e lo zucchero, coprire e cuocere a fuoco lento per 10 minuti. Aggiungere il brodo, portare ad ebollizione, coprire e cuocere a fuoco lento per circa 30 minuti. Aggiungere la cipolla, la carota e il cavolo, coprire e cuocere per altri 15 minuti.

Petto di manzo in umido

Serve 4

Petto di manzo da 450 g/1 libbra

45 ml/3 cucchiai di olio di arachidi

3 scalogni (scalogno), affettati

2 fette di radice di zenzero tritata

1 spicchio d'aglio schiacciato

120 ml/4 fl oz/¬Ω tazza di salsa di soia

5 ml/1 cucchiaino di zucchero

45 ml/3 cucchiai di vino di riso o sherry secco

3 spicchi di anice stellato

4 carote a cubetti

225 g/8 once di cavolo cinese

15 ml/1 cucchiaio di farina di mais (amido di mais)

45 ml/3 cucchiai di acqua

Mettete la carne in una padella e copritela appena con acqua. Portare a ebollizione, coprire e cuocere a fuoco lento per circa 1¬Ω ore fino a quando la carne sarà tenera. Togliere dalla padella e scolare bene. Tagliare a cubetti di 2,5 cm e mettere da parte 250 ml di brodo.

Scaldate l'olio e fate soffriggere per pochi secondi l'erba cipollina, lo zenzero e l'aglio. Aggiungere la salsa di soia, lo zucchero, il vino o lo sherry e l'anice stellato e mescolare bene. Aggiungere la carne e il brodo riservato. Portare a ebollizione, coprire e cuocere per 20 minuti. Nel frattempo cuocere il cavolo cinese in acqua bollente finché sarà tenero. Trasferisci la carne e le verdure su un piatto riscaldato. Mescolare la maizena e l'acqua fino a formare una pasta, unirla alla salsa e cuocere, mescolando, fino a quando la salsa si schiarisce e si addensa. Versare sulla carne e servire con cavolo cinese.

Carne Brasata

Serve 4

225 g/8 once di carne magra

45 ml/3 cucchiai di olio di arachidi

1 fetta di radice di zenzero tritata

2 spicchi d'aglio schiacciati

2 erba cipollina (erba cipollina), tritata

50 g/2 once di funghi, affettati

1 peperone rosso a fette

225 g/8 once di cimette di cavolfiore

50 g/2 oz taccole (piselli)

30 ml/2 cucchiai di salsa di soia

15 ml/1 cucchiaio di farina di mais (amido di mais)

15 ml/1 cucchiaio di vino di riso o sherry secco

120 ml/4 fl oz/¬Ω tazza di brodo di manzo

Tagliare la carne a fettine sottili contro la grana. Scaldare metà dell'olio e soffriggere lo zenzero, l'aglio e l'erba cipollina fino a doratura. Aggiungere la carne e friggerla fino a doratura e toglierla dalla padella. Scaldare l'olio rimanente e friggere le verdure fino a ricoprirle di olio. Aggiungete il broco, portate a bollore, coprite e fate cuocere fino a quando le verdure saranno tenere ma ancora croccanti. Unisci la salsa di soia, la farina di mais e il vino o lo sherry e mescola nella padella. Cuocere, mescolando, finché la salsa non si addensa.

Strisce di bistecca

Serve 4

Bistecca di scamone da 450 g/1 libbra
120 ml/4 fl oz/¬Ω tazza di salsa di soia
120 ml/4 fl oz/¬Ω tazza di brodo di pollo
fetta di radice di zenzero da 1 cm/¬Ω

2 spicchi d'aglio schiacciati

30 ml/2 cucchiai di vino di riso o sherry secco

15 ml/1 cucchiaio di zucchero di canna

15 ml/1 cucchiaio di olio di arachidi

Rassodare la bistecca nel congelatore e tagliarla a fette lunghe e sottili. Mescolare tutti gli ingredienti rimanenti e marinare la bistecca nel composto per circa 6 ore. Disporre la bistecca su spiedini di legno imbevuti e grigliare per qualche minuto fino a cottura secondo i propri gusti, spennellando di tanto in tanto con la marinata.

Manzo Al Vapore Con Patate Dolci

Serve 4

450 g/1 libbra di manzo magro, tagliato a fettine sottili

15 ml/1 cucchiaio di salsa di fagioli neri

15 ml/1 cucchiaio di salsa di fagioli dolci

15 ml/1 cucchiaio di salsa di soia

5 ml/1 cucchiaino di zucchero

2 fette di radice di zenzero tritata

2 patate dolci a dadini

30 ml/2 cucchiai di olio di arachidi

100 g/4 once di pangrattato

15 ml/1 cucchiaio di olio di sesamo

3 erba cipollina (erba cipollina), tritata finemente

Mettete la carne in una ciotola con la salsa di fagioli, la salsa di soia, lo zucchero e lo zenzero e lasciate marinare per 30 minuti. Togliere la carne dalla marinata e aggiungere la patata dolce. Lascia riposare per 20 minuti. Disporre le patate sulla base di una piccola vaporiera di bambù. Ricoprite la carne con il pangrattato e disponetela sopra le patate. Coprire e cuocere a vapore in acqua bollente per 40 minuti.

Scaldare l'olio di sesamo e friggere i cipollotti per qualche secondo. Distribuire sulla carne e servire.

Filetto di manzo

Serve 4

450 g/1 libbra di carne magra

45 ml/3 cucchiai di vino di riso o sherry secco

15 ml/1 cucchiaio di salsa di soia

10 ml/2 cucchiaini di salsa di ostriche

5 ml/1 cucchiaino di zucchero

5 ml/1 cucchiaino di farina di mais (amido di mais)

2,5 ml/¬Ω cucchiaino di bicarbonato di sodio (bicarbonato di sodio)

pizzico di sale

1 spicchio d'aglio schiacciato

30 ml/2 cucchiai di olio di arachidi

2 cipolle affettate sottilmente

Tagliare la carne attraverso la venatura a fettine sottili. Mescolare vino o sherry, salsa di soia, salsa di ostriche, zucchero, maizena, bicarbonato di sodio, sale e aglio. Aggiungere la carne, coprire e riporre in frigorifero per almeno 3 ore. Scaldare l'olio e friggere la cipolla per circa 5 minuti fino a doratura. Trasferire su un piatto riscaldato e tenere al caldo. Aggiungere un po' di carne nel wok, distribuendo le fette in modo che non si sovrappongano. Friggere per circa 3 minuti su ciascun lato fino a doratura, quindi disporre sopra le cipolle e continuare a friggere il resto della carne.

Toast Di Carne

Serve 4

4 fette di carne magra

1 uovo sbattuto

50 g/2 oz/¬Ω tazza di noci tritate

4 fette di pane

olio per friggere

Appiattire le fettine di carne e spennellarle bene con l'uovo.
Cospargere con le noci e coprire con una fetta di pane. Scaldare
l'olio e friggere la carne e le fette di pane per circa 2 minuti.
Togliere dall'olio e lasciarlo raffreddare. Riscaldare l'olio e
friggere nuovamente fino a doratura.

Carne tagliuzzata con tofu e pepe

Serve 4

225 g/8 once di manzo magro, macinato

1 albume d'uovo

2,5 ml/¬Ω cucchiaino di olio di sesamo

5 ml/1 cucchiaino di farina di mais (amido di mais)

pizzico di sale

250 ml/8 fl oz/1 tazza di olio di arachidi (arachidi).

100 g di tofu secco, tagliato a listarelle

5 peperoni rossi tagliati a listarelle

15 ml/1 cucchiaio di acqua

1 fetta di radice di zenzero tritata

10 ml/2 cucchiaini di salsa di soia

Mescolare la carne con l'albume, metà dell'olio di sesamo, l'amido di mais e il sale. Scaldare l'olio e friggere la carne fino quasi a cottura. Togliere dalla padella. Aggiungere il tofu nella padella e friggerlo per 2 minuti, quindi toglierlo dalla padella. Aggiungere il peperoncino e soffriggere per 1 minuto. Riporta il tofu nella padella con l'acqua, lo zenzero e la salsa di soia e mescola bene. Aggiungere la carne e friggere finché non sarà ben amalgamata. Servire cosparso con il restante olio di sesamo.

Carne al sapore di pomodoro

Serve 4

30 ml/2 cucchiai di olio di arachidi

3 cipolline (erba cipollina), tagliate a pezzi

225 g/8 once di manzo magro, tagliato a listarelle

60 ml/4 cucchiai di brodo di carne

15 ml/1 cucchiaio di farina di mais (amido di mais)

45 ml/3 cucchiai di acqua

4 pomodori, spellati e tagliati in quarti

Scaldare l'olio e friggere i cipollotti fino a renderli morbidi. Aggiungere la carne e friggerla fino a doratura. Aggiungere il brodo, portare ad ebollizione, coprire e cuocere per 2 minuti. Mescolare l'amido di mais e l'acqua, unirli nella padella e cuocere, mescolando, finché la salsa non si sarà addensata. Aggiungere i pomodori e cuocere fino a quando saranno ben cotti.

Stracotto Di Manzo Rosso Con Rape

Serve 4

450 g/1 libbra di carne magra

1 fetta di radice di zenzero tritata

1 cipolla verde tritata 120 ml/4 fl oz/¬Ω tazza di vino di riso o

sherry secco

250 ml/8 fl oz/1 tazza di acqua

2 spicchi di anice stellato

1 piccola rapa tagliata a cubetti

120 ml/4 fl oz/¬Ω tazza di salsa di soia

15 ml/1 cucchiaio di zucchero

In una pentola dal fondo spesso mettere la carne, lo zenzero, l'erba cipollina, il vino o lo sherry, l'acqua e l'anice, portare a ebollizione, coprire e cuocere per 45 minuti. Aggiungete la rapa, la salsa di soia e lo zucchero e se necessario ancora un po' d'acqua, portate nuovamente a bollore, coprite e fate cuocere per altri 45 minuti finché la carne sarà tenera. Lasciate raffreddare. Togliere la carne e la rapa dal sugo. Affettate la carne e disponetela su un piatto da portata insieme alla rapa. Filtrare la salsa e servire fredda.

Carne con verdure

Serve 4

225 g/8 once di carne magra

15 ml/1 cucchiaio di farina di mais (amido di mais)

15 ml/1 cucchiaio di salsa di soia

15 ml/1 cucchiaio di vino di riso o sherry secco

2,5 ml/¬Ω cucchiaino di zucchero

45 ml/3 cucchiai di olio di arachidi

1 fetta di radice di zenzero tritata

2,5 ml/¬Ω cucchiaino di sale

100 g/4 oz di cipolla affettata

2 gambi di sedano affettati

1 peperone rosso a fette

100 g/4 oz di germogli di bambù, affettati

100 g/4 once di carote, affettate

120 ml/4 fl oz/¬Ω tazza di brodo di manzo

Tagliate la carne a fettine sottili contropelo e mettetela in una ciotola. Mescolare la farina di mais, la salsa di soia, il vino o lo sherry e lo zucchero, versare sulla carne e mescolare bene. Lasciate riposare per 30 minuti girando di tanto in tanto. Scaldare metà dell'olio e friggere la carne fino a doratura e toglierla dalla padella. Scaldare l'olio rimanente, aggiungere lo zenzero e il sale, quindi aggiungere le verdure e friggerle fino a ricoprirle di olio. Aggiungete il brodo, portate a bollore, coprite e fate cuocere fino a quando le verdure saranno tenere ma ancora croccanti. Riporta la carne nella padella e fai sobbollire per circa 1 minuto per farla scaldare.

Carne in umido

Serve 4

350 g/12 once di carne arrotolata

30 ml/2 cucchiai di zucchero

30 ml/2 cucchiai di vino di riso o sherry secco

30 ml/2 cucchiai di salsa di soia

5 ml/1 cucchiaino di cannella

2 erba cipollina (erba cipollina), tritata

1 fetta di radice di zenzero tritata

45 ml/3 cucchiai di olio di sesamo

Portare a ebollizione una pentola d'acqua, aggiungere la carne, riportare l'acqua a bollore e far bollire velocemente per sigillare la carne. Togliere dalla padella. Disporre la carne in una padella pulita e aggiungere tutti gli ingredienti rimanenti, tenendo da parte 15 ml/1 cucchiaio di olio di sesamo. Riempire la padella con acqua sufficiente a coprire la carne, portare a ebollizione, coprire e cuocere a fuoco lento per circa 1 ora finché la carne sarà tenera. Cospargere con l'olio di sesamo rimanente prima di servire.

Bistecca Ripiena

Serve da 4 a 6

Bistecca di scamone intera da 675 g/1¬Ω lb

60 ml/4 cucchiai di aceto di vino

30 ml/2 cucchiai di zucchero

10 ml/2 cucchiaini di salsa di soia

2,5 ml/¬Ω cucchiaino di pepe appena macinato

2,5 ml/¬Ω cucchiaino di chiodi di garofano interi

5 ml/1 cucchiaino di cannella in polvere

1 foglia di alloro schiacciata

225 g/8 oz di riso a grani lunghi cotto

5 ml/1 cucchiaino di prezzemolo fresco tritato

pizzico di sale

30 ml/2 cucchiai di olio di arachidi

30 ml/2 cucchiai di strutto

1 cipolla affettata

Metti la bistecca in una ciotola capiente. In una padella scaldare l'aceto di vino, lo zucchero, la salsa di soia, il pepe, i chiodi di garofano, la cannella e l'alloro e lasciare raffreddare. Versare sulla bistecca, coprire e lasciare marinare in frigorifero per una notte, girando di tanto in tanto.

Mescolare il riso, il prezzemolo, il sale e l'olio d'oliva. Scolate la carne e distribuite il composto sulla bistecca, arrotolate e legate strettamente con lo spago. Sciogliere lo strutto, aggiungere la cipolla e la bistecca e friggere fino a doratura su tutti i lati. Versare abbastanza acqua da coprire quasi la bistecca, coprire e cuocere per 1¬Ω ore o fino a quando la carne sarà tenera.

Gnocchi di carne

Serve 4

450 g/1 libbra di farina semplice (per tutti gli usi)

1 bustina di lievito facile da miscelare

10 ml/2 cucchiaini di zucchero semolato

5 ml/1 cucchiaino di sale

300 ml/¬Ω pt/1¬° tazza di latte caldo o acqua

30 ml/2 cucchiai di olio di arachidi

225 g/8 once di carne macinata (macinata)

1 cipolla tritata

2 pezzi di gambo di zenzero tritato

50 g/2 once di anacardi tritati

2,5 ml/¬Ω cucchiaino di polvere di cinque spezie

15 ml/1 cucchiaio di salsa di soia

30 ml/2 cucchiai di salsa hoisin

2,5 ml/¬Ω cucchiaino di aceto di vino

15 ml/1 cucchiaio di farina di mais (amido di mais)

45 ml/3 cucchiai di acqua

Mescolare la farina, il lievito, lo zucchero, il sale e il latte tiepido o l'acqua e impastare fino ad ottenere un impasto liscio. Coprire e lasciare lievitare in un luogo tiepido per 45 minuti. Scaldare l'olio e friggere la carne fino a doratura leggera. Aggiungere la cipolla, lo zenzero, gli anacardi, la polvere di cinque spezie, la salsa di soia, la salsa hoisin e l'aceto di vino e portare a ebollizione. Mescolare la farina di mais e l'acqua, unirla alla salsa e cuocere per 2 minuti. Lasciate raffreddare. Formare con l'impasto 16 palline. Pressare, mettere in ognuna un po' di ripieno e chiudere la pasta attorno al ripieno. Disporre il cestello per la cottura a vapore in una wok o in una padella, coprire e cuocere in acqua salata per circa 30 minuti.

Polpette Croccanti

Serve 4

225 g/8 once di carne macinata (macinata)
100 g/4 oz di castagne d'acqua tritate
2 uova sbattute
5 ml/1 cucchiaino di buccia d'arancia grattugiata
5 ml/1 cucchiaino di radice di zenzero tritata
5 ml/1 cucchiaino di sale
15 ml/1 cucchiaio di farina di mais (amido di mais)
225 g/8 oz/2 tazze di farina semplice (per tutti gli usi).

5 ml/1 cucchiaino di lievito in polvere
300 ml/¬Ω pt/1¬Ω tazze d'acqua
15 ml/1 cucchiaio di olio di arachidi
olio per friggere

Mescolare la carne, le castagne d'acqua, 1 uovo, la scorza d'arancia, lo zenzero, il sale e la maizena. Formare delle piccole palline. Mettere in una ciotola in una vaporiera sopra l'acqua bollente e cuocere a vapore per circa 20 minuti fino a cottura ultimata. Lasciate raffreddare.

Mescolare la farina, il lievito, l'uovo rimasto, l'acqua e l'olio di arachidi fino ad ottenere un impasto denso. Immergere le polpette nella pastella. Scaldare l'olio e friggere le polpette fino a doratura.

Carne Macinata Con Anacardi

Serve 4

450 g/1 libbra di carne macinata (macinata)

¬Ω albume d'uovo

5 ml/1 cucchiaino di salsa di ostriche

5 ml/1 cucchiaino di salsa di soia leggera

qualche goccia di olio di sesamo

25 g/1 oncia di prezzemolo fresco tritato

45 ml/3 cucchiai di olio di arachidi

25 g/1 oz/¬ta tazza di anacardi tritati

15 ml/1 cucchiaio di brodo di carne

4 foglie grandi di lattuga

Mescolare la carne con l'albume, la salsa di ostriche, la salsa di soia, l'olio di sesamo e il prezzemolo e lasciare riposare. Scaldate metà dell'olio e friggete gli anacardi finché saranno leggermente dorati e toglieteli dalla padella. Scaldare l'olio rimanente e friggere il composto di carne fino a doratura. Aggiungete il brodo e continuate a friggere finché quasi tutto il liquido non sarà evaporato. Disporre le foglie di lattuga su un piatto riscaldato e adagiare la carne. Servire cosparso di anacardi fritti

Carne in salsa rossa

Serve 4

60 ml/4 cucchiai di olio di arachidi

450 g/1 libbra di carne macinata (macinata)

1 cipolla tritata

1 peperoncino rosso tritato

1 peperone verde tritato

2 fette di ananas tritato

45 ml/3 cucchiai di salsa di soia

45 ml/3 cucchiai di vino bianco secco

30 ml/2 cucchiai di aceto di vino

30 ml/2 cucchiai di miele

300 ml/¬Ω pt/1¬° tazza di brodo di carne

sale e pepe macinato fresco

qualche goccia di olio al peperoncino

Scaldare l'olio e friggere la carne fino a doratura leggera. Aggiungere le verdure e l'ananas e friggere per 3 minuti. Aggiungere salsa di soia, vino, aceto di vino, miele e brodo. Portare a ebollizione, coprire e cuocere per 30 minuti fino a cottura. Condire a piacere con sale, pepe e olio al peperoncino.

Serve 4

225 g/8 once di riso glutinoso

450 g/1 libbra di manzo magro, macinato (macinato)

1 fetta di radice di zenzero tritata

1 cipolla piccola tritata

1 uovo leggermente sbattuto

15 ml/1 cucchiaio di salsa di soia

2,5 ml/¬Ω cucchiaino di farina di mais (amido di mais)

2,5 ml/¬Ω cucchiaino di zucchero

2,5 ml/¬Ω cucchiaino di sale

5 ml/1 cucchiaino di vino di riso o sherry secco

Lasciate macerare il riso per 30 minuti, scolatelo e stendetelo su un piatto. Mescolare carne, zenzero, cipolla, uovo, salsa di soia, farina di mais, zucchero, sale e vino o sherry. Formate delle palline grandi quanto una noce. Rotolare le polpette nel riso fino a ricoprirle completamente e poi disporle in un piatto fondo lasciando degli spazi tra loro. Cuocere su una gratella sopra l'acqua bollente per 30 minuti. Servire con salsa di soia e senape cinese.

Polpette Con Salsa Agrodolce

Serve 4

450 g/1 libbra di carne macinata (macinata)

1 cipolla tritata

25 g di castagne d'acqua, tritate finemente

15 ml/1 cucchiaio di salsa di soia

15 ml/1 cucchiaio di vino di riso o sherry secco

1 uovo sbattuto

100 g/4 oz/¬Ω tazza di farina di mais (amido di mais)

olio per friggere

Per la salsa:

15 ml/1 cucchiaio di olio di arachidi

1 peperone verde a dadini

100 g di pezzi di ananas sciroppato

100 g/4 oz di sottaceti dolci cinesi misti

100 g/4 oz/¬Ω tazza di zucchero di canna

120 ml/4 fl oz/¬Ω tazza di brodo di pollo

60 ml/4 cucchiai di aceto di vino

15 ml / 1 cucchiaio di passata di pomodoro (pasta)

15 ml/1 cucchiaio di farina di mais (amido di mais)

15 ml/1 cucchiaio di salsa di soia

sale e pepe macinato fresco

45 ml/3 cucchiai di cocco grattugiato

Mescolare la carne, la cipolla, le castagne d'acqua, la salsa di soia e il vino o lo sherry. Formate delle palline e passatele nell'uovo sbattuto e poi nella maizena. Friggere in olio molto caldo per qualche minuto fino a doratura. Trasferire su un piatto riscaldato e tenere al caldo.

Nel frattempo scaldate l'olio e fate soffriggere il peperone per 2 minuti. Aggiungere 30 ml/2 cucchiai di sciroppo d'ananas, 15 ml/1 cucchiaio di aceto di sottaceti, zucchero, brodo, aceto di vino, passata di pomodoro, farina di mais e salsa di soia. Mescolare bene, portare a ebollizione e cuocere, mescolando, finché il composto non si schiarisce e si addensa. Scolare l'ananas e i sottaceti rimasti e aggiungerli nella padella. Cuocere, mescolando, per 2 minuti. Versare sopra le polpette e servire cosparse di cocco.

Budino Di Carne Al Vapore

Serve 4

6 funghi cinesi secchi

225 g/8 once di carne macinata (macinata)

225 g/8 oz carne di maiale macinata (macinata)

1 cipolla tagliata a cubetti

20 ml/2 cucchiai di chutney di mango

30 ml/2 cucchiai di salsa hoisin

30 ml/2 cucchiai di salsa di soia

5 ml/1 cucchiaino di polvere di cinque spezie

1 spicchio d'aglio schiacciato

5 ml/1 cucchiaino di sale

1 uovo sbattuto

45 ml/3 cucchiai di farina di mais (amido di mais)

60 ml/4 cucchiai di erba cipollina tritata

10 foglie di cavolo

300 ml/¬Ω pt/1¬° tazza di brodo di carne

Mettere a bagno i funghi in acqua tiepida per 30 minuti e poi
scolarli. Eliminare i coperchi e tritarli. Mescolare con carne
macinata, cipolla, chutney, salsa hoisin, salsa di soia, polvere di
cinque spezie e aglio e condire con sale. Aggiungere l'uovo e la

farina di mais e incorporare l'erba cipollina. Foderare il cestello per la cottura a vapore con le foglie di cavolo. Formare una torta con la carne macinata e adagiarla sulle foglie. Coprite e cuocete nel brodo di carne bollente per 30 minuti.

Carne macinata al vapore

Serve 4

450 g/1 libbra di carne macinata (macinata)
2 cipolle tritate finemente
100 g di castagne d'acqua, finemente
tritato
60 ml/4 cucchiai di salsa di soia
60 ml/4 cucchiai di vino di riso o sherry secco
sale e pepe macinato fresco

Mescolare tutti gli ingredienti, condendo a piacere con sale e pepe. Pressare in una piccola ciotola resistente al calore e metterla in una vaporiera sopra l'acqua bollente. Coprire e cuocere a vapore per circa 20 minuti fino a quando la carne sarà cotta e il piatto creerà una salsa saporita.

Carne macinata fritta con salsa di ostriche

Serve 4

30 ml/2 cucchiai di olio di arachidi

2 spicchi d'aglio schiacciati

225 g/8 once di carne macinata (macinata)

1 cipolla tritata

50 g/2 oz di castagne d'acqua tritate

50 g/2 once di germogli di bambù tritcti

15 ml/1 cucchiaio di salsa di soia

30 ml/2 cucchiai di vino di riso o sherry secco

15 ml/1 cucchiaio di salsa di ostriche

Scaldare l'olio d'oliva e friggere l'aglio fino a quanco sarà leggermente dorato. Aggiungere la carne e mescolare fino a doratura su tutti i lati. Aggiungere la cipolla, le castagne d'acqua e i germogli di bambù e friggere per 2 minuti. Aggiungere la salsa di soia e il vino o lo sherry, coprire e cuocere per 4 minuti.

involtini di carne

Serve 4

350 g/12 oz carne macinata (macinata)

1 uovo sbattuto

5 ml/1 cucchiaino di farina di mais (amido di mais)

5 ml/1 cucchiaino di olio di arachidi

sale e pepe macinato fresco

4 scalogni (erba cipollina), tritati

8 confezioni di involtini primavera, olio per friggere

Mescolare la carne, l'uovo, la farina di mais, l'olio d'oliva, il sale, il pepe e l'erba cipollina. Lasciare riposare per 1 ora. Disporre delle cucchiaiate di composto nell'involucro di ogni involtino primavera, ripiegare la base, ripiegare i lati e arrotolare gli involtini, sigillando i bordi con un po' d'acqua. Scaldare l'olio e friggere i panini finché non saranno dorati e cotti. Scolare bene prima di servire.

Gnocchi Di Carne E Spinaci

Serve 4

450 g/1 libbra di carne macinata (macinata)

1 uovo

100 g/4 once di pangrattato

60 ml/4 cucchiai di acqua

15 ml/1 cucchiaio di farina di mais (amido di mais)

2,5 ml/¬Ω cucchiaino di sale

15 ml/1 cucchiaio di vino di riso o sherry secco

30 ml/2 cucchiai di olio di arachidi

45 ml/3 cucchiai di salsa di soia

120 ml/4 fl oz/¬Ω tazza di brodo di manzo

350 g/12 once di spinaci grattugiati

Mescolare la carne, l'uovo, il pangrattato, l'acqua, la farina di mais, il sale e il vino o lo sherry. Formate delle palline grandi quanto una noce. Scaldare l'olio e friggere le polpette finché non saranno dorate su tutti i lati. Togliere dalla padella e scolare l'olio in eccesso. Aggiungere la salsa di soia e il brodo nella padella e rimettere le polpette. Portare a ebollizione, coprire e cuocere per 30 minuti, girando di tanto in tanto. Cuocere gli spinaci in una padella a parte finché saranno teneri, quindi aggiungere la carne e scaldare.

Manzo fritto con tofu

Serve 4

20 ml/4 cucchiaini di farina di mais (amido di mais)

10 ml/2 cucchiaini di salsa di soia

10 ml/2 cucchiaini di vino di riso o sherry secco

225 g/8 once di carne macinata (macinata)

2,5 ml/¬Ω cucchiaino di zucchero

30 ml/2 cucchiai di olio di arachidi

2,5 ml/¬Ω cucchiaino di sale

1 spicchio d'aglio schiacciato

120 ml/4 fl oz/¬Ω tazza di brodo di manzo

225 g/8 once di tofu, a cubetti

2 erba cipollina (erba cipollina), tritata

pizzico di pepe appena macinato

Mescolare metà della farina di mais, metà della salsa di soia e metà del vino o dello sherry. Aggiungere alla carne e mescolare bene. Scaldate l'olio e fate soffriggere il sale e l'aglio per qualche secondo. Aggiungere la carne e friggerla fino a doratura. Aggiungere il brodo e portare ad ebollizione. Aggiungere il tofu, coprire e cuocere per 2 minuti. Mescolare la farina di mais rimanente, la salsa di soia e il vino o lo sherry, aggiungere nella padella e cuocere, mescolando, finché la salsa non si sarà addensata.

Agnello con asparagi

Serve 4

350 g/12 once di asparagi
450 g/1 libbra di agnello magro
45 ml/3 cucchiai di olio di arachidi
sale e pepe macinato fresco
2 spicchi d'aglio schiacciati
250 ml/8 fl oz/1 tazza di brodo
1 pomodoro, sbucciato e tagliato a fette
15 ml/1 cucchiaio di farina di mais (amido di mais)
45 ml/3 cucchiai di acqua
15 ml/1 cucchiaio di salsa di soia

Tagliate gli asparagi a pezzetti diagonali e metteteli in una ciotola. Versare sopra l'acqua bollente e lasciare riposare per 2 minuti, quindi scolare. Tagliare l'agnello a fettine sottili contropelo. Scaldare l'olio e friggere l'agnello finché non sarà leggermente dorato. Aggiungere sale, pepe e aglio e soffriggere per 5 minuti. Aggiungere gli asparagi, il brodo e i pomodori, portare a ebollizione, coprire e cuocere per 2 minuti. Mescolare la farina di mais, l'acqua e la salsa di soia fino a formare una pasta, unirla nella padella e cuocere, mescolando, finché la salsa non si schiarisce e si addensa.

Arrosto di agnello

Serve 4

450 g di agnello magro, tagliato a listarelle
120 ml/4 fl oz/¬Ω tazza di salsa di soia
120 ml/4 fl oz/¬Ω tazza di vino di riso o sherry secco
1 spicchio d'aglio schiacciato
3 erba cipollina (erba cipollina), tritata
5 ml/1 cucchiaino di olio di sesamo
sale e pepe macinato fresco

Metti l'agnello in una ciotola. Mescolare gli altri ingredienti, versarli sull'agnello e lasciar marinare per 1 ora. Grigliare (grigliare) sui carboni ardenti fino a cottura dell'agnello, irrorandolo con la salsa secondo necessità.

Agnello con fagiolini

Serve 4

450 g di fagiolini tagliati a julienne

45 ml/3 cucchiai di olio di arachidi

450 g/1 lb di agnello magro, tagliato a fette sottili

250 ml/8 fl oz/1 tazza di brodo

5 ml/1 cucchiaino di sale

2,5 ml/¬Ω cucchiaino di pepe appena macinato

15 ml/1 cucchiaio di farina di mais (amido di mais)

5 ml/1 cucchiaino di salsa di soia

75 ml/5 cucchiai di acqua

Scottare i fagioli in acqua bollente per 3 minuti e scolarli bene.
Scaldare l'olio e friggere la carne finché sarà leggermente dorata
su tutti i lati. Aggiungere il brodo, portare ad ebollizione, coprire
e cuocere per 5 minuti. Aggiungete i fagioli, sale e pepe, coprite
e fate cuocere per 4 minuti fino a quando la carne sarà cotta.
Mescolare la maizena, la salsa di soia e l'acqua fino a formare
una pasta, unirla nella padella e cuocere, mescolando, finché la
salsa non si schiarisce e si addensa.

Arrosto di agnello

450 g/1 libbra di spalla di agnello disossata, tagliata a cubetti

15 ml/1 cucchiaio di olio di arachidi

4 scalogni (scalogno), affettati

10 ml/2 cucchiaino di radice di zenzero grattugiata

200 ml/¬Ω pt/1¬° tazza di brodo di pollo

30 ml/2 cucchiai di zucchero

30 ml/2 cucchiai di salsa di soia

15 ml/1 cucchiaio di salsa hoisin

15 ml/1 cucchiaio di vino di riso o sherry secco

5 ml/1 cucchiaino di olio di sesamo

Sbollentare l'agnello in acqua bollente per 5 minuti poi scolarlo. Scaldare l'olio e friggere l'agnello per circa 5 minuti fino a doratura. Togliere dalla padella e scolare su carta da cucina. Rimuovere tutto tranne 15 ml/1 cucchiaio dalla padella. Riscaldare l'olio e friggere i cipollotti e lo zenzero per 2 minuti. Riporta la carne nella padella con gli altri ingredienti. Portare a ebollizione, coprire e cuocere a fuoco lento per 1¬Ω ore fino a quando la carne sarà tenera.

Agnello Con Broccoli

Serve 4

75 ml/5 cucchiai di olio di arachidi

1 spicchio d'aglio schiacciato

450 g di agnello, tagliato a listarelle

450 g/1 libbra di cimette di broccoli

250 ml/8 fl oz/1 tazza di brodo

5 ml/1 cucchiaino di sale

2,5 ml/¬Ω cucchiaino di pepe appena macinato

30 ml/2 cucchiai di farina di mais (amido di mais)

75 ml/5 cucchiai di acqua

5 ml/1 cucchiaino di salsa di soia

Scaldare l'olio e friggere l'aglio e l'agnello fino a cottura.
Aggiungete i broccoli e il brodo, portate a bollore, coprite e fate
cuocere per circa 15 minuti finché i broccoli saranno teneri.
Condire con sale e pepe. Mescolare la farina di mais, l'acqua e la
salsa di soia fino a formare una pasta, unirla nella padella e
cuocere, mescolando, finché la salsa non si schiarisce e si
addensa.

Agnello con castagne d'acqua

Serve 4

350 g di agnello magro, tagliato a pezzi

15 ml/1 cucchiaio di olio di arachidi

2 scalogni (scalogno), affettati

2 fette di radice di zenzero tritata

2 peperoni rossi tritati

600 ml/1 pt/2¬Ω tazze d'acqua

100 g di rapa a cubetti

1 carota a cubetti

1 bastoncino di cannella

2 spicchi di anice stellato

2,5 ml/¬Ω cucchiaino di zucchero

15 ml/1 cucchiaio di salsa di soia

15 ml/1 cucchiaio di vino di riso o sherry secco

100 g di castagne d'acqua

15 ml/1 cucchiaio di farina di mais (amido di mais)

45 ml/3 cucchiai di acqua

Sbollentare l'agnello in acqua bollente per 2 minuti poi scolarlo. Scaldate l'olio e fate soffriggere il cipollotto, lo zenzero e il peperoncino per 30 secondi. Aggiungere l'agnello e friggerlo finché non sarà ben ricoperto dai condimenti. Aggiungere gli altri ingredienti tranne le castagne d'acqua, la maizena e l'acqua, portare ad ebollizione, coprire parzialmente e cuocere per circa 1 ora finché l'agnello sarà tenero. Controllare di tanto in tanto e rabboccare con acqua bollente se necessario. Togliere la cannella e l'anice, aggiungere le castagne d'acqua e cuocere, senza coperchio, per circa 5 minuti. Mescolare la farina di mais e l'acqua fino a formare una pasta e aggiungerne un po' alla salsa. Cuocere, mescolando, finché la salsa non si addensa. Se lasci ridurre la salsa durante la cottura, potresti non aver bisogno di tutta la pasta di farina di mais.

Agnello con cavolo cappuccio

Serve 4

45 ml/3 cucchiai di olio di arachidi

450 g/1 lb di agnello a fette sottili

sale e pepe nero appena macinato

1 spicchio d'aglio schiacciato

450 g/1 lb di cavolo cinese, tritato

120 ml/4 fl oz/¬Ω tazza di brodo

15 ml/1 cucchiaio di farina di mais (amido di mais)

15 ml/1 cucchiaio di salsa di soia

60 ml/4 cucchiai di acqua

Scaldare l'olio e friggere l'agnello, sale, pepe e aglio fino a doratura. Aggiungere il cavolo e mescolare fino a ricoprirlo di olio. Aggiungere il brodo, portare ad ebollizione, coprire e cuocere a fuoco lento per 10 minuti. Mescolare la maizena, la salsa di soia e l'acqua fino a formare una pasta, unirla nella padella e cuocere, mescolando, finché la salsa non si schiarisce e si addensa.

Chow Mein di agnello

Serve 4

450 g/1 libbra di pasta all'uovo

45 ml/3 cucchiai di olio di arachidi

450 g/1 libbra di agnello, affettato

1 cipolla affettata

1 cuore di sedano a fette

100 g/4 once di funghi

100 g di germogli di soia

20 ml/2 cucchiaini di farina di mais (amido di mais)

175 ml/6 fl oz/¬œ tazza d'acqua

sale e pepe macinato fresco

Cuocere la pasta in acqua bollente per circa 8 minuti, quindi scolarla. Scaldare l'olio e friggere l'agnello fino a dorarlo leggermente. Aggiungere la cipolla, il sedano, i funghi e i germogli di soia e

rosolare per 5 minuti. Mescolare la farina di mais e l'acqua, versare nella padella e portare a ebollizione. Cuocere, mescolando, finché la salsa non si addensa. Versare sulla pasta e servire subito.

Curry di agnello

Serve 4

30 ml/2 cucchiai di olio di arachidi

2 spicchi d'aglio schiacciati

1 fetta di radice di zenzero tritata

450 g/1 libbra di agnello magro, a cubetti

100 g/4 once di patate a cubetti

2 carote a cubetti

15 ml/1 cucchiaio di curry in polvere

250 ml/8 fl oz/1 tazza di brodo di pollo

100 g di funghi, affettati

1 peperone verde tritato

50 g/2 oz castagne d'acqua, a fette

Scaldare l'olio e soffriggere l'aglio e lo zenzero fino a quando saranno leggermente dorati. Aggiungere l'agnello e friggere per 5 minuti. Aggiungere la patata e la carota e friggere per 3 minuti. Aggiungere il curry in polvere e friggere per 1 minuto. Aggiungere il brodo, portare ad ebollizione, coprire e cuocere per circa 25 minuti. Aggiungete i funghi, il pepe e le castagne d'acqua e fate cuocere per 5 minuti. Se preferite una salsa più densa, fate bollire per qualche minuto per ridurre la salsa oppure

addensate con 15 ml/1 cucchiaio di maizena mescolata con un po'
d'acqua.

Agnello profumato

Serve 4

30 ml/2 cucchiai di olio di arachidi

450 g/1 libbra di agnello magro, a cubetti

2 erba cipollina (erba cipollina), tritata

1 spicchio d'aglio schiacciato

1 fetta di radice di zenzero tritata

120 ml/4 fl oz/¬Ω tazza di salsa di soia

15 ml/1 cucchiaio di vino di riso o sherry secco

15 ml/1 cucchiaio di zucchero di canna

2,5 ml/¬Ω cucchiaino di sale

pepe appena macinato

300 ml/¬Ω pt/1¬° tazza d'acqua

Scaldare l'olio e friggere l'agnello fino a dorarlo leggermente. Aggiungere le cipolline, l'aglio e lo zenzero e soffriggere per 2 minuti. Aggiungere salsa di soia, vino o sherry, zucchero e sale e condire a piacere con pepe. Mescolare bene gli ingredienti. Aggiungere l'acqua, portare ad ebollizione, coprire e cuocere per 2 ore.

Cubi di agnello alla griglia

Serve 4

120 ml/4 fl oz/¬Ω tazza di olio di arachidi (arachidi).

60 ml/4 cucchiai di aceto di vino

2 spicchi d'aglio schiacciati

15 ml/1 cucchiaio di salsa di soia

5 ml/1 cucchiaino di sale

2,5 ml/¬Ω cucchiaino di pepe appena macinato

2,5 ml/¬Ω cucchiaino di origano

450 g/1 libbra di agnello magro, a cubetti

Mescolare tutti gli ingredienti, coprire e lasciare marinare per una notte. Drenare. Disporre la carne su una griglia e grigliarla per circa 15 minuti, girandola più volte, fino a quando l'agnello sarà tenero e leggermente dorato.

Agnello con taccole

Serve 4

2 spicchi d'aglio schiacciati

2,5 ml/¬Ω cucchiaino di sale

450 g/1 libbra di agnello, tagliato a dadini

30 ml/2 cucchiai di farina di mais (amido di mais)

30 ml/2 cucchiai di olio di arachidi

450 g di taccole (piselli), tagliate in 4

250 ml/8 fl oz/1 tazza di brodo di pollo

10 ml/2 cucchiaini di scorza di limone grattugiata

30 ml/2 cucchiai di miele

30 ml/2 cucchiai di salsa di soia

5 ml/1 cucchiaino di coriandolo macinato

5 ml/1 cucchiaino di semi di cumino, macinati

30 ml/2 cucchiai di passata di pomodoro (pasta)

30 ml/2 cucchiai di aceto di vino

Mescolare l'aglio e il sale e mescolare con l'agnello. Ricopri l'agnello con farina di mais. Scaldare l'olio e friggere l'agnello fino a cottura. Aggiungere le taccole e friggerle per 2 minuti. Mescolate la restante maizena con il brodo e versatela nella padella con gli altri ingredienti. Portare a ebollizione, mescolando e cuocere per 3 minuti.

Agnello marinato

Serve 4

450 g/1 libbra di agnello magro

2 spicchi d'aglio schiacciati

5 ml/1 cucchiaino di sale

120 ml/4 fl oz/¬Ω tazza di salsa di soia

5 ml/1 cucchiaino di sale di sedano

olio per friggere

Mettete l'agnello in una padella e copritelo solo con acqua fredda. Aggiungere l'aglio e il sale, portare a ebollizione, coprire e cuocere a fuoco lento per 1 ora finché l'agnello sarà cotto. Togliere dalla padella e scolare. Disporre l'agnello in una ciotola, aggiungere la salsa di soia e cospargere con sale di sedano. Coprire e marinare per 2 ore o durante la notte. Tagliare l'agnello a pezzetti. Scaldare l'olio e friggere l'agnello fino a renderlo friabile. Scolare bene prima di servire.

Agnello ai Funghi

Serve 4

45 ml/3 cucchiai di olio di arachidi

350 g/12 once di funghi, affettati

100 g/4 oz di germogli di bambù, affettati

3 fette di radice di zenzero tritata

450 g/1 lb di agnello a fette sottili

250 ml/8 fl oz/1 tazza di brodo

15 ml/1 cucchiaio di farina di mais (amido di mais)

15 ml/1 cucchiaio di salsa di soia

60 ml/4 cucchiai di acqua

Scaldare l'olio e friggere i funghi, i germogli di bambù e lo zenzero per 3 minuti. Aggiungere l'agnello e friggerlo finché non sarà leggermente dorato. Aggiungere il brodo, portare a ebollizione, coprire e cuocere a fuoco lento per circa 30 minuti finché l'agnello sarà cotto e la salsa ridotta della metà. Mescolare la farina di mais, la salsa di soia e l'acqua, aggiungere nella padella e cuocere, mescolando, finché la salsa non si schiarisce e si addensa.

Agnello con salsa di ostriche

Serve 4

30 ml/2 cucchiai di olio di arachidi
1 spicchio d'aglio schiacciato
1 fetta di zenzero tritato
450 g/1 lb di giamboli magri, affettati
250 ml/8 fl oz/1 tazza di brodo
30 ml/2 cucchiai di salsa di ostriche

15 ml/1 cucchiaio di vino di riso o sherry
5 ml/1 cucchiaino di zucchero

Scaldare l'olio con l'aglio e lo zenzero e friggere fino a leggera doratura. Aggiungere l'agnello e friggerlo per circa 3 minuti finché non sarà leggermente dorato. Aggiungere il brodo, la salsa di ostriche, il vino o lo sherry e lo zucchero, portare a ebollizione, mescolando, coprire e cuocere per circa 30 minuti, mescolando di tanto in tanto, fino a quando l'agnello sarà cotto. Togliete il coperchio e continuate la cottura, mescolando, per circa 4 minuti, finché la salsa non si sarà ridotta e si sarà addensata.

Agnello Cotto Rosso

Serve 4

30 ml/2 cucchiai di olio di arachidi
Costolette di agnello da 450 g/1 libbra
250 ml/8 fl oz/1 tazza di brodo di pollo
1 cipolla tagliata a fette

120 ml/4 fl oz/¬Ω tazza di salsa di soia

5 ml/1 cucchiaino di sale

1 fetta di radice di zenzero tritata

Scaldare l'olio e friggere le costolette finché non saranno dorate su entrambi i lati. Aggiungere gli altri ingredienti, portare a ebollizione, coprire e cuocere a fuoco lento per circa 1 ora fino a quando l'agnello sarà tenero e la salsa si sarà ridotta.

Agnello all'erba cipollina

Serve 4

350 g/12 oz di agnello magro, a cubetti

30 ml/2 cucchiai di salsa di soia

30 ml/2 cucchiai di vino di riso o sherry secco

30 ml/2 cucchiai di olio di arachidi

2 spicchi d'aglio schiacciati

8 scalogni (erba cipollina), affettati spessi

Metti l'agnello in una ciotola. Mescolare 15 ml/1 cucchiaio di salsa di soia, 15 ml/1 cucchiaio di vino o sherry e 15 ml/1 cucchiaio di olio e unire all'agnello. Lasciare marinare per 30 minuti. Scaldare l'olio rimanente e soffriggere l'aglio fino a doratura leggermente. Scolate la carne, aggiungetela nella padella e fatela rosolare per 3 minuti. Aggiungere le cipolline e friggere per 2 minuti. Aggiungere la marinata, la salsa di soia rimanente e il vino o lo sherry e friggere per 3 minuti.

Bistecche di agnello tenere

Serve 4

450 g/1 libbra di agnello magro
15 ml/1 cucchiaio di salsa di soia
10 ml/2 cucchiaini di vino di riso o sherry secco
2,5 ml/¬Ω cucchiaino di sale
1 cipolla piccola tritata
45 ml/3 cucchiai di olio di arachidi

Tagliare l'agnello a fettine sottili contropelo e disporle su un piatto. Mescolare la salsa di soia, il vino o lo sherry, il sale e l'olio d'oliva, versare sull'agnello, coprire e lasciare marinare per 1 ora. Asciugare bene. Scaldare l'olio e friggere l'agnello per circa 2 minuti finché sarà tenero.

stufato d'agnello

Serve 4

45 ml/3 cucchiai di olio di arachidi

2 spicchi d'aglio schiacciati

5 ml/1 cucchiaino di salsa di soia

450 g/1 libbra di agnello magro, a cubetti

pepe appena macinato

30 ml/2 cucchiai di farina semplice (per tutti gli usi)

300 ml/¬Ω pt/1¬° tazza d'acqua

15 ml / 1 cucchiaio di passata di pomodoro (pasta)

1 foglia di alloro

100 g/4 once di funghi, tagliati a metà

3 carote, tagliate in quarti

6 cipolle piccole, tagliate in quarti

15 ml/1 cucchiaio di zucchero

1 gambo di sedano a fette

3 patate a cubetti

15 ml/1 cucchiaio di vino di riso o sherry secco

50 g/2 once di piselli

15 ml/1 cucchiaio di prezzemolo fresco tritato

Scaldare metà dell'olio. Mescolare l'aglio e la salsa di soia con l'agnello e condire con pepe. Friggere la carne fino a leggera doratura. Cospargere di farina e cuocere, mescolando, finché la farina non verrà assorbita. Aggiungere l'acqua, la passata di pomodoro e le foglie di alloro, portare ad ebollizione, coprire e cuocere per 30 minuti. Scaldate l'olio rimasto e friggete i funghi per 3 minuti poi toglieteli dalla padella. Aggiungere le carote e le cipolle nella padella e friggere per 2 minuti. Cospargere di zucchero e scaldare finché le verdure non luccicano. Aggiungete allo spezzatino i funghi, le carote, le cipolle, il sedano e le patate, coprite nuovamente e fate cuocere per un'altra ora. Aggiungere il vino o lo sherry, i piselli e il prezzemolo, coprire e cuocere per altri 30 minuti.

Agnello Fritto

Serve 4

350 g di agnello magro, tagliato a listarelle

1 fetta di radice di zenzero, tritata finemente

3 uova sbattute

45 ml/3 cucchiai di olio di arachidi

2,5 ml/¬Ω cucchiaino di sale

5 ml/1 cucchiaino di vino di riso o sherry secco

Mescolare l'agnello, lo zenzero e le uova. Scaldare l'olio e friggere il composto di agnello per 2 minuti. Aggiungere il sale e il vino o lo sherry e friggere per 2 minuti.

Agnello e Verdure

Serve 4

225 g/8 oz di agnello magro, affettato
100 g/4 oz di germogli di bambù, affettati
100 g di castagne d'acqua, a fette
100 g di funghi, affettati

30 ml/2 cucchiai di olio di arachidi

30 ml/2 cucchiai di salsa di soia

30 ml/2 cucchiai di vino di riso o sherry secco

2 spicchi d'aglio schiacciati

4 scalogni (scalogno), affettati

150 ml/¬° pt/¬Ω tazza generosa di brodo di pollo

15 ml/1 cucchiaio di olio di sesamo

15 ml/1 cucchiaio di farina di mais (amido di mais)

Unire l'agnello, i germogli di bambù, le castagne d'acqua e i funghi. Mescolare 15 ml/1 cucchiaio di olio, 15 ml/1 cucchiaio di salsa di soia e 15 ml/1 cucchiaio di vino o sherry e versare sopra il composto di agnello. Lasciare marinare per 1 ora. Scaldare l'olio rimanente e soffriggere l'aglio fino a doratura leggermente. Aggiungere il composto di carne e friggere fino a doratura. Mescolare i cipollotti e aggiungere la restante salsa di soia e il vino o lo sherry, la maggior parte del brodo e l'olio di sesamo. Portare a ebollizione, mescolando, coprire e cuocere per 10 minuti. Mescolare la maizena con il restante brodo, unirla alla salsa e cuocere, mescolando, finché la salsa non si schiarirà e si sarà addensata.

Agnello con tofu

Serve 4

60 ml/4 cucchiai di olio di arachidi

450 g/1 lb di agnello magro, tagliato grossolanamente

3 spicchi d'aglio schiacciati

2 erba cipollina (erba cipollina), tritata

4 castagne d'acqua tagliate a cubetti

5 ml/1 cucchiaino di buccia d'arancia grattugiata

15 ml/1 cucchiaio di salsa di soia

pizzico di sale

100 g/4 once di tofu, a cubetti

2,5 ml/¬Ω cucchiaino di salsa di ostriche

2,5 ml/¬Ω cucchiaino di olio di sesamo

Scaldare metà dell'olio e soffriggere l'agnello, l'aglio e la cipolla fino a quando saranno leggermente dorati. Aggiungete le castagne d'acqua, la scorza d'arancia e la salsa di soia e acqua bollente quanto basta per coprire la carne. Portare nuovamente a bollore, coprire e cuocere per circa 30 minuti fino a quando l'agnello sarà molto tenero. Nel frattempo, scaldare l'olio rimanente e friggere il tofu finché non sarà leggermente dorato.

Aggiungere all'agnello con la salsa di ostriche e l'olio di sesamo e cuocere, senza coperchio, per 5 minuti.

arrosto di agnello

Serve da 4 a 6

2 kg/4 libbre di cosciotto d'agnello

120 ml/4 fl oz/¬Ω tazza di salsa di soia

1 cipolla tritata

2 spicchi d'aglio schiacciati

1 fetta di radice di zenzero tritata

50 g/2 oz/¬esima tazza di zucchero di canna

30 ml/2 cucchiai di vino di riso o sherry secco

30 ml/2 cucchiai di passata di pomodoro (pasta)

15 ml/1 cucchiaio di aceto di vino

15 ml/1 cucchiaio di succo di limone

Metti l'agnello su un piatto. Ridurre in purea gli ingredienti rimanenti e versarli sull'agnello, coprire e conservare in frigorifero per una notte, girando e imbastendo di tanto in tanto.

Arrostire l'agnello in un forno preriscaldato a 220¬∞C/425¬∞F/gas livello 7 per 10 minuti, quindi abbassare la temperatura a 190¬∞C/375¬∞F/gas livello 5 e continuare la cottura per 20 minuti al massimo. 450 g/1 lb più 20 minuti, bagnando di tanto in tanto con la marinata.

Agnello Arrosto Con Senape

Serve 8

75 ml/5 cucchiai di senape preparata

15 ml/1 cucchiaio di salsa di soia

1 spicchio d'aglio schiacciato

5 ml/1 cucchiaino di timo fresco tritato

1 fetta di radice di zenzero tritata

15 ml/1 cucchiaio di olio di arachidi

Cosciotto d'agnello da 1,25 kg/3 libbre

Mescolare tutti gli ingredienti del condimento fino ad ottenere una crema. Distribuirvi sopra l'agnello e lasciarlo riposare per qualche ora. Cuocere in forno preriscaldato a 180¬∞C/350¬∞F/gas mark 4 per circa 1¬Ω ore.

Petto di agnello ripieno

Serve 6,Äì8

1 petto d'agnello

225 g/8 oz di riso a grani lunghi cotto

1 peperone verde piccolo, tritato

2 erba cipollina (erba cipollina), tritata

90 ml/6 cucchiai di olio di arachidi

sale e pepe macinato fresco

375 ml/13 fl oz/1¬Ω tazze di acqua

15 ml/1 cucchiaio di farina di mais (amido di mais)

15 ml/1 cucchiaio di salsa di soia

Tagliare una tasca nell'estremità larga del petto d'agnello. Mescolare il riso, il pepe, l'erba cipollina, 30 ml/2 cucchiai di olio d'oliva, sale e pepe e riempire la cavità con il composto. Fissare l'estremità con lo spago. Scaldare l'olio rimanente e friggere l'agnello finché non sarà leggermente dorato su tutti i lati. Condire con sale e pepe, aggiungere 250 ml/8 fl oz/1 tazza di acqua, portare a ebollizione, coprire e cuocere per 2 ore o fino a quando la carne sarà tenera. Mescolare la farina di mais, la salsa di soia e l'acqua rimanente fino a formare una pasta, unirla nella padella e cuocere, mescolando, finché la salsa non si schiarisce e si addensa.

Arrosto di agnello

Serve 4

100 g/4 once di pangrattato

4 uova sode (sode), tritate

225 g/8 oz agnello cotto, macinato

300 ml/¬Ω pt/1¬° tazze di brodo

15 ml/1 cucchiaio di salsa di soia

15 ml/1 cucchiaio di farina di mais (amido di mais)

30 ml/2 cucchiai di acqua

In una pirofila disponete a strati il pangrattato, le uova sode e l'agnello. In una padella portate a bollore il brodo e la salsa di soia. Mescolare la farina di mais e l'acqua fino a formare una pasta, unirla al brodo e cuocere, mescolando, finché la salsa non si sarà addensata. Versare sopra il composto di agnello, coprire e cuocere in forno preriscaldato a 180¬∞C/350¬∞C/gas mark 4 per circa 25 minuti fino a doratura.

Agnello e Riso

Serve 4

30 ml/2 cucchiai di olio di arachidi
350 g/12 oz agnello cotto, a cubetti
600 ml/1 pt/2¬Ω tazze di brodo
10 ml/2 cucchiaini di sale
10 ml/2 cucchiaini di salsa di soia
4 cipolle, tagliate in quarti
2 carote a fette

50 g/2 once di piselli

15 ml/1 cucchiaio di farina di mais (amido di mais)

30 ml/2 cucchiai di acqua

350 g/12 oz di riso a grani lunghi cotto, caldo

Scaldare l'olio e friggere l'agnello fino a dorarlo leggermente. Aggiungere il brodo, il sale e la salsa di soia, portare ad ebollizione, coprire e cuocere a fuoco lento per 10 minuti. Aggiungere la cipolla, la carota e i piselli, coprire e cuocere per 20 minuti fino a quando le verdure saranno morbide. Versare il liquido in una padella. Mescolare la farina di mais e l'acqua fino a formare una pasta, unirla alla salsa e cuocere, mescolando, fino a quando la salsa si schiarisce e si addensa. Disporre il riso su un piatto riscaldato e adagiarvi sopra il composto di agnello. Versare sopra la salsa e servire subito.

Salice di agnello

Serve 3

450 g/1 libbra di agnello magro

1 uovo leggermente sbattuto

30 ml/2 cucchiai di salsa di soia

5 ml/1 cucchiaino di farina di mais (amido di mais)

pizzico di sale

olio per friggere

111

1 carota piccola, grattugiata

1 spicchio d'aglio schiacciato

2,5 ml/¬Ω cucchiaino di zucchero

2,5 ml/¬Ω cucchiaino di aceto di vino

2,5 ml/¬Ω cucchiaino di vino di riso o sherry secco

pepe appena macinato

Tagliare l'agnello a listarelle sottili lunghe circa 5 cm. Mescolare l'uovo, 15 ml/1 cucchiaio di salsa di soia, la farina di mais e il sale, unire all'agnello e lasciare marinare per altri 30 minuti. Scaldare l'olio e friggere l'agnello fino a metà cottura. Togliere dalla padella e scolare. Togliere tutto tranne 30 ml/2 cucchiai di olio e soffriggere la carota e l'aglio per 1 minuto. Aggiungere l'agnello e gli altri ingredienti e friggere per 3 minuti.

Maiale alle mandorle

Serve 4

60 ml/4 cucchiai di olio di arachidi

50 g/2 once/½ tazza di mandorle a scaglie

350 g/12 oz di carne di maiale a dadini

100 g/4 oz di germogli di bambù, tagliati a dadini

3 gambi di sedano a dadini

50 g/2 once di piselli

4 castagne d'acqua tagliate a cubetti

100 g di funghi, tagliati a dadini

250 ml/8 fl oz/1 tazza di brodo

45 ml/3 cucchiai di salsa di soia

sale e pepe macinato fresco

Scaldare l'olio e friggere le mandorle fino a quando saranno leggermente dorate. Rimuovere la maggior parte dell'olio, aggiungere la carne di maiale e friggere per 1 minuto. Aggiungete i germogli di bambù, il sedano, i piselli, le castagne d'acqua e i funghi e fate soffriggere per 1 minuto. Aggiungere il brodo, la salsa di soia, sale e pepe, portare ad ebollizione, coprire e cuocere a fuoco lento per 10 minuti.

Maiale con germogli di bambù

Serve 4

30 ml/2 cucchiai di olio di arachidi

450 g/1 libbra di carne di maiale magra, tagliata a cubetti

3 scalogni (scalogno), affettati

2 spicchi d'aglio schiacciati

1 fetta di radice di zenzero tritata

250 ml/8 fl oz/1 tazza di salsa di soia

30 ml/2 cucchiai di vino di riso o sherry secco

30 ml/2 cucchiai di zucchero di canna

5 ml/1 cucchiaino di sale

600 ml/1 pt/2½ tazze di acqua

100 g/4 oz di germogli di bambù, affettati

Scaldare l'olio e friggere il maiale fino a doratura. Scolare l'olio in eccesso, aggiungere il cipollotto, l'aglio e lo zenzero e soffriggere per 2 minuti. Aggiungere la salsa di soia, il vino o lo sherry, lo zucchero e il sale e mescolare bene. Aggiungere l'acqua, portare ad ebollizione, coprire e cuocere per 45 minuti. Aggiungere i germogli di bambù, coprire e cuocere per altri 20 minuti.

Maiale arrosto

Serve 4

2 filetti di maiale

30 ml/2 cucchiai di vino rosso

15 ml/1 cucchiaio di zucchero di canna

15 ml/1 cucchiaio di miele

60 ml/4 cucchiai di salsa di soia

2,5 ml/½ cucchiaino di cannella

10 ml / 2 cucchiaini di colorante alimentare rosso (facoltativo)
1 spicchio d'aglio schiacciato
1 erba cipollina (erba cipollina) tagliata a pezzi

Metti la carne in una ciotola. Mescolare tutti gli ingredienti rimanenti, versarvi sopra la carne di maiale e lasciare marinare per 2 ore, girando di tanto in tanto. Scolare la carne e adagiarla su una gratella in una teglia. Cuocere in forno preriscaldato a 180°C/gas mark 4 per circa 45 minuti, girando e irrorando con la marinata durante la cottura. Servire tagliato a fettine sottili.

Maiale e germogli di soia

Serve 4

225 g/8 oz di carne di maiale magra, tagliata a listarelle
1 fetta di radice di zenzero tritata
30 ml/2 cucchiai di salsa di soia
15 ml/1 cucchiaio di vino di riso o sherry secco
2,5 ml/½ cucchiaino di zucchero
450 g/1 libbra di germogli di soia

45 ml/3 cucchiai di olio di arachidi

2,5 ml/½ cucchiaino di sale

Mescolare la carne di maiale, lo zenzero, 15 ml/1 cucchiaio di salsa di soia, vino o sherry e zucchero. Sbollentare i germogli di soia in acqua bollente per 2 minuti, quindi scolarli. Scaldare metà dell'olio e friggere la carne di maiale per 3 minuti finché non sarà leggermente dorata. Togliere dalla padella. Scaldare il restante olio e friggere i germogli di soia con il sale per 1 minuto. Cospargere con la restante salsa di soia e friggere per un altro 1 minuto. Riportare il maiale nella padella e friggerlo finché non sarà completamente riscaldato.

Pollo fritto semplice

Serve 4

1 petto di pollo, tagliato a fettine sottili

2 fette di radice di zenzero tritata

2 erba cipollina (erba cipollina), tritata

15 ml/1 cucchiaio di farina di mais (amido di mais)

15 ml/1 cucchiaio di vino di riso o sherry secco

30 ml/2 cucchiai di acqua

2,5 ml/½ cucchiaino di sale

45 ml/3 cucchiai di olio di arachidi

100 g/4 oz di germogli di bambù, affettati

100 g di funghi, affettati

100 g di germogli di soia

15 ml/1 cucchiaio di salsa di soia

5 ml/1 cucchiaino di zucchero

120 ml/4 fl oz/½ tazza di brodo di pollo

Metti il pollo in una ciotola. Mescolare lo zenzero, l'erba cipollina, la farina di mais, il vino o lo sherry, l'acqua e il sale, unirli al pollo e lasciarlo riposare per 1 ora. Scaldare metà dell'olio e friggere il pollo fino a dorarlo leggermente e toglierlo dalla padella. Scaldare l'olio rimanente e friggere i germogli di bambù, i funghi e i germogli di soia per 4 minuti. Aggiungete la salsa di soia, lo zucchero e il brodo, portate a ebollizione, coprite e fate cuocere per 5 minuti finché le verdure saranno tenere. Riporta il pollo nella padella, mescola bene e scalda delicatamente prima di servire.

Pollo In Salsa Di Pomodoro

Serve 4

30 ml/2 cucchiai di olio di arachidi
5 ml/1 cucchiaino di sale
2 spicchi d'aglio schiacciati
450 g/1 libbra di pollo a dadini
300 ml/½ pt/1¼ tazza di brodo di pollo
120 ml/4 fl oz/½ tazza di ketchup di pomodoro (ketchup)
15 ml/1 cucchiaio di farina di mais (amido di mais)
4 scalogni (scalogno), affettati

Scaldare l'olio d'oliva con il sale e l'aglio finché l'aglio non sarà leggermente dorato. Aggiungere il pollo e friggerlo finché non sarà leggermente dorato. Aggiungere la maggior parte del brodo, portare a ebollizione, coprire e cuocere per circa 15 minuti fino a quando il pollo sarà tenero. Mescolare il brodo rimanente con il ketchup e la farina di mais e mescolare nella padella. Cuocere, mescolando, finché la salsa non si addensa e si schiarisce. Se la salsa è troppo liquida, lasciatela cuocere a fuoco lento finché non si sarà ridotta. Aggiungere le cipolline e cuocere per 2 minuti prima di servire.

Pollo al pomodoro

Serve 4

225 g/8 oz di pollo a dadini
15 ml/1 cucchiaio di farina di mais (amido di mais)
15 ml/1 cucchiaio di salsa di soia
15 ml/1 cucchiaio di vino di riso o sherry secco
45 ml/3 cucchiai di olio di arachidi
1 cipolla tagliata a cubetti
60 ml/4 cucchiai di brodo di pollo
5 ml/1 cucchiaino di sale
5 ml/1 cucchiaino di zucchero
2 pomodori, spellati e tagliati a cubetti

Mescolare il pollo con la farina di mais, la salsa di soia e il vino o lo sherry e lasciarlo riposare per 30 minuti. Scaldare l'olio e friggere il pollo finché non sarà leggermente dorato. Aggiungere la cipolla e friggere fino a renderla morbida. Aggiungete il brodo, il sale e lo zucchero, portate ad ebollizione e mescolate delicatamente a fuoco basso fino a quando il pollo sarà cotto. Aggiungere i pomodori e mescolare finché non saranno ben cotti.

Serve 4

4 porzioni di pollo

4 pomodori, spellati e tagliati in quarti

15 ml/1 cucchiaio di vino di riso o sherry secco

15 ml/1 cucchiaio di olio di arachidi

sale

Mettete il pollo in una padella e copritelo con acqua fredda.
Portare a ebollizione, coprire e cuocere per 20 minuti.
Aggiungere i pomodori, il vino o lo sherry, l'olio d'oliva e il sale,
coprire e cuocere per altri 10 minuti fino a quando il pollo sarà
cotto. Disporre il pollo su un piatto riscaldato e tagliarlo a pezzi.
Riscaldare la salsa e versarla sul pollo per servire.

Pollo e pomodori con salsa di fagioli neri

Serve 4

45 ml/3 cucchiai di olio di arachidi

1 spicchio d'aglio schiacciato

45 ml/3 cucchiai di salsa di fagioli neri

225 g/8 oz di pollo a dadini

15 ml/1 cucchiaio di vino di riso o sherry secco

5 ml/1 cucchiaino di zucchero

15 ml/1 cucchiaio di salsa di soia

90 ml/6 cucchiai di brodo di pollo

3 pomodori, spellati e tagliati in quarti

10 ml/2 cucchiaino di farina di mais (amido di mais)

45 ml/3 cucchiai di acqua

Scaldare l'olio d'oliva e soffriggere l'aglio per 30 secondi. Aggiungere la salsa di fagioli neri e friggere per 30 secondi, quindi aggiungere il pollo e mescolare fino a quando sarà ben ricoperto d'olio. Aggiungere il vino o lo sherry, lo zucchero, la salsa di soia e il brodo, portare a ebollizione, coprire e cuocere per circa 5 minuti fino a quando il pollo sarà cotto. Mescolare la maizena e l'acqua fino a formare una pasta, unirla nella padella e cuocere, mescolando, finché la salsa non si sarà schiarita e si sarà addensata.

Pollo cotto velocemente con verdure

Serve 4

1 albume d'uovo
50 g/2 oz farina di mais (amido di mais)
225 g di petto di pollo, tagliato a strisce
75 ml/5 cucchiai di olio di arachidi
200 g/7 oz di germogli di bambù, tagliati a strisce
50 g/2 once di germogli di soia
1 peperone verde tagliato a listarelle
3 scalogni (scalogno), affettati
1 fetta di radice di zenzero tritata
1 spicchio d'aglio tritato
15 ml/1 cucchiaio di vino di riso o sherry secco

Sbattere l'albume e la farina di mais e immergere le strisce di pollo nel composto. Scaldare l'olio a temperatura moderata e friggere il pollo per qualche minuto fino a cottura. Togliere dalla padella e scolare bene. Aggiungere nella padella i germogli di bambù, i germogli di soia, il pepe, la cipolla, lo zenzero e l'aglio e friggere per 3 minuti. Aggiungi il vino o lo sherry e rimetti il pollo nella padella. Mescolare bene e scaldare prima di servire.

Pollo alle noci

Serve 4

45 ml/3 cucchiai di olio di arachidi
2 erba cipollina (erba cipollina), tritata
1 fetta di radice di zenzero tritata
450 g/1 lb di petto di pollo, tagliato a fette molto sottili
50 g/2 once di prosciutto grattugiato
30 ml/2 cucchiai di salsa di soia
30 ml/2 cucchiai di vino di riso o sherry secco
5 ml/1 cucchiaino di zucchero
5 ml/1 cucchiaino di sale
100 g/4 oz/1 tazza di noci tritate

Scaldare l'olio e soffriggere la cipolla e lo zenzero per 1 minuto. Aggiungere il pollo e il prosciutto e friggere per 5 minuti fino a quando saranno quasi cotti. Aggiungere la salsa di soia, il vino o lo sherry, lo zucchero e il sale e friggere per 3 minuti. Aggiungere le noci e friggere per 1 minuto finché gli ingredienti non saranno ben amalgamati.

Pollo alle noci

Serve 4

100 g/4 oz/1 tazza di noci sgusciate, tagliate a metà
olio per friggere
45 ml/3 cucchiai di olio di arachidi
2 fette di radice di zenzero tritata
225 g/8 oz di pollo a dadini
100 g/4 oz di germogli di bambù, affettati
75 ml/5 cucchiai di brodo di pollo

Preparare le noci, scaldare l'olio e friggere le noci fino a doratura e scolarle bene. Scaldare l'olio di arachidi e friggere lo zenzero per 30 secondi. Aggiungere il pollo e friggerlo finché non sarà leggermente dorato. Aggiungere gli altri ingredienti, portare a ebollizione e cuocere, mescolando, fino a quando il pollo sarà cotto.

Pollo alle Castagne d'Acqua

Serve 4

45 ml/3 cucchiai di olio di arachidi

2 spicchi d'aglio schiacciati

2 erba cipollina (erba cipollina), tritata

1 fetta di radice di zenzero tritata

225 g/8 oz di petto di pollo, tagliato a patatine

100 g di castagne d'acqua, tritate

45 ml/3 cucchiai di salsa di soia

15 ml/1 cucchiaio di vino di riso o sherry secco

5 ml/1 cucchiaino di farina di mais (amido di mais)

Scaldare l'olio e soffriggere l'aglio, l'erba cipollina e lo zenzero finché saranno leggermente dorati. Aggiungere il pollo e friggere per 5 minuti. Aggiungete le castagne d'acqua e fatele soffriggere per 3 minuti. Aggiungere la salsa di soia, il vino o lo sherry e l'amido di mais e friggere per circa 5 minuti fino a quando il pollo sarà cotto.

Pollo Saporito Con Castagne D'acqua

Serve 4

30 ml/2 cucchiai di olio di arachidi

4 pezzi di pollo

3 erba cipollina (erba cipollina), tritata

2 spicchi d'aglio schiacciati

1 fetta di radice di zenzero tritata

250 ml/8 fl oz/1 tazza di salsa di soia

30 ml/2 cucchiai di vino di riso o sherry secco

30 ml/2 cucchiai di zucchero di canna

5 ml/1 cucchiaino di sale

375 ml/13 fl oz/1¼ tazza di acqua

225 g/8 oz castagne d'acqua, affettate

15 ml/1 cucchiaio di farina di mais (amido di mais)

Scaldare l'olio e friggere i pezzi di pollo fino a doratura. Aggiungere le cipolline, l'aglio e lo zenzero e soffriggere per 2 minuti. Aggiungere la salsa di soia, il vino o lo sherry, lo zucchero e il sale e mescolare bene. Aggiungere l'acqua e portare ad ebollizione, coprire e cuocere per 20 minuti. Aggiungete le castagne d'acqua, coprite e fate cuocere per altri 20 minuti. Mescolare la farina di mais con un po' d'acqua, unirla alla salsa e cuocere, mescolando, finché la salsa non si schiarirà e si sarà addensata.

Wonton di pollo

Serve 4

4 funghi cinesi secchi

450 g/1 libbra di petto di pollo tagliuzzato

225 g/8 oz verdure miste, tritate

1 erba cipollina (erba cipollina) tritata

15 ml/1 cucchiaio di salsa di soia

2,5 ml/½ cucchiaino di sale

40 pelli di wonton

1 uovo sbattuto

Mettere a bagno i funghi in acqua tiepida per 30 minuti e poi scolarli. Eliminare i gambi e tritare le cime. Mescolare con pollo, verdure, salsa di soia e sale.

Per piegare i wonton, tieni il guscio nel palmo della mano sinistra e metti un po' di ripieno al centro. Inumidire i bordi con l'uovo e piegare il guscio a triangolo, sigillando i bordi. Inumidire gli angoli con l'uovo e strizzarli.

Portare a ebollizione una pentola d'acqua. Aggiungere i wonton e cuocere per circa 10 minuti finché non verranno a galla.

Ali di pollo croccanti

Serve 4

900 g/2 libbre di ali di pollo
60 ml/4 cucchiai di vino di riso o sherry secco
60 ml/4 cucchiai di salsa di soia
50 g/2 once/½ tazza di farina di mais (amido di mais)
olio di arachidi (arachidi) per friggere

Metti le ali di pollo in una ciotola. Mescolare il resto degli ingredienti e versarvi sopra le ali di pollo, mescolando bene in modo che siano ricoperte dalla salsa. Coprire e lasciare riposare per 30 minuti. Scaldare l'olio e friggere il pollo, poco a poco, finché sarà cotto e ben dorato. Scolatele bene su carta da cucina e tenetele al caldo mentre friggete il resto del pollo.

Ali di pollo alle cinque spezie

Serve 4

30 ml/2 cucchiai di olio di arachidi

2 spicchi d'aglio schiacciati

450 g/1 libbra di ali di pollo

250 ml/8 fl oz/1 tazza di brodo di pollo

30 ml/2 cucchiai di salsa di soia

5 ml/1 cucchiaino di zucchero

5 ml/1 cucchiaino di polvere di cinque spezie

Scaldare l'olio d'oliva e l'aglio finché non saranno leggermente dorati. Aggiungere il pollo e friggerlo finché non sarà leggermente dorato. Aggiungere gli ingredienti rimanenti, mescolando bene e portare a ebollizione. Coprite e fate cuocere per circa 15 minuti fino a quando il pollo sarà cotto Togliete il coperchio e continuate la cottura, mescolando di tanto in tanto, finché quasi tutto il liquido non sarà evaporato. Servire caldo o freddo.

Ali di pollo marinate

Serve 4

45 ml/3 cucchiai di salsa di soia

45 ml/3 cucchiai di vino di riso o sherry secco

30 ml/2 cucchiai di zucchero di canna

5 ml/1 cucchiaino di radice di zenzero grattugiata

2 spicchi d'aglio schiacciati

6 scalogni (scalogno), affettati

450 g/1 libbra di ali di pollo

30 ml/2 cucchiai di olio di arachidi

225 g/8 once di germogli di bambù, affettati

20 ml/4 cucchiaini di farina di mais (amido di mais)

175 ml/6 fl oz/¾ tazza di brodo di pollo

Mescolare salsa di soia, vino o sherry, zucchero, zenzero, aglio ed erba cipollina. Aggiungere le ali di pollo e mescolare per ricoprirle completamente. Coprite e lasciate riposare per 1 ora, mescolando di tanto in tanto. Scaldare l'olio e friggere i germogli di bambù per 2 minuti. Toglieteli dalla padella. Scolare il pollo e la cipolla, conservando la marinata. Riscaldare l'olio e friggere il pollo finché non sarà dorato su tutti i lati. Coprite e fate cuocere per altri 20 minuti finché il pollo sarà tenero. Mescolare la farina di mais con il brodo e la marinata messa da parte. Versare sul pollo e cuocere a fuoco lento, mescolando, finché la salsa non si sarà addensata. Aggiungere i germogli di bambù e cuocere, mescolando continuamente, per altri 2 minuti.

Vere ali di pollo

Serve 4

12 ali di pollo

250 ml/8 fl oz/1 tazza di olio di arachidi (arachidi).

15 ml/1 cucchiaio di zucchero semolato

2 cipolline (erba cipollina), tagliate a pezzi

5 fette di radice di zenzero

5 ml/1 cucchiaino di sale

45 ml/3 cucchiai di salsa di soia

250 ml/8 fl oz/1 tazza di vino di riso o sherry secco

250 ml/8 fl oz/1 tazza di brodo di pollo

10 fette di germogli di bambù

15 ml/1 cucchiaio di farina di mais (amido di mais)

15 ml/1 cucchiaio di acqua

2,5 ml/½ cucchiaino di olio di sesamo

Sbollentare le ali di pollo in acqua bollente per 5 minuti e scolarle bene. Scaldare l'olio, aggiungere lo zucchero e mescolare finché non si scioglie e diventa dorato. Aggiungere il pollo, gli scalogni, lo zenzero, il sale, la salsa di soia, il vino e il brodo, portare a ebollizione e cuocere a fuoco lento per 20 minuti. Aggiungere i germogli di bambù e cuocere per 2 minuti o finché il liquido non sarà quasi evaporato. Mescolare la farina di mais con l'acqua, versarla nella padella e mescolare finché non si addensa. Trasferire le ali di pollo su un piatto riscaldato e servire cosparse di olio di sesamo.

Ali di pollo condite

Serve 4

30 ml/2 cucchiai di olio di arachidi
5 ml/1 cucchiaino di sale
2 spicchi d'aglio schiacciati
900 g/2 libbre di ali di pollo
30 ml/2 cucchiai di vino di riso o sherry secco
30 ml/2 cucchiai di salsa di soia
30 ml/2 cucchiai di passata di pomodoro (pasta)
15 ml/1 cucchiaio di salsa Worcestershire

Scaldare l'olio d'oliva, il sale e l'aglio e friggere fino a quando l'aglio sarà leggermente dorato. Aggiungere le ali di pollo e friggerle, mescolando spesso, per circa 10 minuti fino a quando saranno dorate e quasi cotte. Aggiungere gli ingredienti rimanenti e friggere per circa 5 minuti fino a quando il pollo sarà croccante e cotto.

Serve 4

16 cosce di pollo

30 ml/2 cucchiai di vino di riso o sherry secco

30 ml/2 cucchiai di aceto di vino

30 ml/2 cucchiai di olio d'oliva

sale e pepe macinato fresco

120 ml/4 fl oz/½ tazza di succo d'arancia

30 ml/2 cucchiai di salsa di soia

30 ml/2 cucchiai di miele

15 ml/1 cucchiaio di succo di limone

2 fette di radice di zenzero tritata

120 ml/4 fl oz/½ tazza di salsa piccante

Mescolare tutti gli ingredienti tranne la salsa di peperoncino, coprire e lasciare marinare in frigorifero per una notte. Togliere il pollo dalla marinata e grigliarlo o grigliarlo per circa 25 minuti, girandolo e irrorandolo con la salsa di peperoni durante la cottura.

Cosce di pollo Hoisin

Serve 4

8 cosce di pollo

600 ml/1 pt/2½ tazze di brodo di pollo

sale e pepe macinato fresco

250 ml/8 fl oz/1 tazza di salsa hoisin

30 ml/2 cucchiai di farina semplice (per tutti gli usi)

2 uova sbattute

100 g/4 once/1 tazza di pangrattato

olio per friggere

Mettete le cosce e il brodo in una padella, portate a ebollizione, coprite e fate cuocere per 20 minuti fino a cottura. Togliete il pollo dalla padella e fatelo asciugare su carta da cucina. Mettete il pollo in una ciotola e condite con sale e pepe. Versare sopra la salsa hoisin e marinare per 1 ora. Drenare. Passare il pollo nella farina, poi ricoprirlo con le uova e il pangrattato, poi ancora l'uovo e il pangrattato. Scaldare l'olio e friggere il pollo per circa 5 minuti fino a doratura. Scolare su carta da cucina e servire caldo o freddo.

Pollo arrosto

Serve 4–6

75 ml/5 cucchiai di olio di arachidi

1 pollo

3 scalogni (scalogno), affettati

3 fette di radice di zenzero

120 ml/4 fl oz/½ tazza di salsa di soia

30 ml/2 cucchiai di vino di riso o sherry secco

5 ml/1 cucchiaino di zucchero

Scaldare l'olio e friggere il pollo fino a doratura. Aggiungere gli scalogni, lo zenzero, la salsa di soia e il vino o lo sherry e portare a ebollizione. Coprire e cuocere per 30 minuti, girando di tanto in tanto. Aggiungete lo zucchero, coprite e fate cuocere per altri 30 minuti fino a quando il pollo sarà cotto.

Pollo fritto croccante

Serve 4

1 pollo

sale

30 ml/2 cucchiai di vino di riso o sherry secco

3 cipolline (erba cipollina), tagliate a dadini

1 fetta di radice di zenzero

30 ml/2 cucchiai di salsa di soia

30 ml/2 cucchiai di zucchero

5 ml/1 cucchiaino di chiodi di garofano interi

5 ml/1 cucchiaino di sale

5 ml/1 cucchiaino di pepe

150 ml/¼ pt/½ tazza generosa di brodo di pollo

olio per friggere

1 lattuga tritata

4 pomodori a fette

½ cetriolo a fette

Strofinare il pollo con sale e lasciarlo riposare per 3 ore. Sciacquatela e mettetela in una ciotola. Aggiungere il vino o lo sherry, lo zenzero, la salsa di soia, lo zucchero, i chiodi di garofano, il sale, il pepe e il brodo e versare bene. Mettere la ciotola nella vaporiera, coprire e cuocere a vapore per circa 2 ore e un quarto finché il pollo non sarà cotto. Drenare. Scaldare l'olio finché non fa fumo, quindi aggiungere il pollo e friggerlo fino a doratura. Friggere per altri 5 minuti, togliere dall'olio e scolare. Tagliatela a pezzetti e disponetela su un piatto caldo. Guarnire con lattuga, pomodoro e cetriolo e servire con salsa di pepe e sale.

Pollo fritto intero

Serve 5

1 pollo
10 ml/2 cucchiaini di sale
15 ml/1 cucchiaio di vino di riso o sherry secco
2 cipolline (erba cipollina), tagliate a metà
3 fette di radice di zenzero, tagliate a listarelle
olio per friggere

Asciugare il pollo e strofinare la pelle con sale e vino o sherry. Metti i cipollotti e lo zenzero all'interno della cavità. Appendere il pollo ad asciugare in un luogo fresco per circa 3 ore. Scaldate l'olio e mettete il pollo in un cestello per friggere. Immergere delicatamente nell'olio e imbastire continuamente dentro e fuori finché il pollo non sarà leggermente colorato. Togliere dall'olio e lasciare raffreddare leggermente mentre si riscalda l'olio.

Friggere nuovamente fino a doratura. Scolatele bene e poi tagliatele a pezzetti.

Pollo alle cinque spezie

Serve 4–6

1 pollo

120 ml/4 fl oz/½ tazza di salsa di soia

2,5 cm/1 pezzo di radice di zenzero tritata

1 spicchio d'aglio schiacciato

15 ml/1 cucchiaio di polvere di cinque spezie

30 ml/2 cucchiai di vino di riso o sherry secco

30 ml/2 cucchiai di miele

2,5 ml/½ cucchiaino di olio di sesamo

olio per friggere

30 ml/2 cucchiai di sale

5 ml/1 cucchiaino di pepe appena macinato

Metti il pollo in una pentola capiente e riempila d'acqua fino a metà coscia. Conservare 15 ml/1 cucchiaio di salsa di soia e aggiungere il resto nella padella con lo zenzero, l'aglio e metà delle cinque spezie in polvere. Portare a ebollizione, coprire e cuocere per 5 minuti. Spegnete il fuoco e lasciate riposare il pollo nell'acqua finché l'acqua non sarà tiepida. Drenare.

Tagliate il pollo a metà nel senso della lunghezza e mettetelo in una teglia con la parte tagliata rivolta verso il basso. Mescolare la restante salsa di soia e la polvere di cinque spezie con il vino o lo sherry, il miele e l'olio di sesamo. Strofinare il composto sul pollo e lasciarlo riposare per 2 ore, spennellando di tanto in tanto con il composto. Scaldare l'olio e friggere le metà del pollo per circa 15 minuti finché non saranno dorate e cotte. Scolatele su carta da cucina e tagliatele a pezzetti.

Nel frattempo, mescolare sale e pepe e scaldare in una padella asciutta per circa 2 minuti. Servire come salsa con il pollo.

Pollo allo zenzero ed erba cipollina

Serve 4

1 pollo

2 fette di radice di zenzero, tagliate a listarelle

sale e pepe macinato fresco

90 ml/4 cucchiai di olio di arachidi

8 scalogni (erba cipollina), tritati finemente

10 ml/2 cucchiaini di aceto di vino bianco

5 ml/1 cucchiaino di salsa di soia

Mettete il pollo in una padella larga, aggiungete metà dello zenzero e versate abbastanza acqua da coprire quasi il pollo. Condire con sale e pepe. Portare a ebollizione, coprire e cuocere per circa 1 ora e un quarto finché saranno teneri. Lascia riposare il pollo nel brodo finché non si raffredda. Scolare il pollo e conservare in frigorifero finché non diventa freddo. Tagliare in porzioni.

Grattugiare lo zenzero rimasto e mescolarlo con l'olio d'oliva, l'erba cipollina, l'aceto di vino, la salsa di soia, sale e pepe. Conservare in frigorifero per 1 ora. Mettete i pezzi di pollo in una ciotola e versateli sopra la salsa allo zenzero. Servire con riso al vapore.

pollo in camicia

Serve 4

1 pollo
1,2 l/2 pezzi/5 tazze di brodo di pollo o acqua
30 ml/2 cucchiai di vino di riso o sherry secco
4 scalogni (erba cipollina), tritati
1 fetta di radice di zenzero
5 ml/1 cucchiaino di sale

Mettete il pollo in una padella capiente con tutti gli ingredienti rimanenti. Il brodo o l'acqua dovrebbero arrivare fino a metà coscia. Portare a ebollizione, coprire e cuocere a fuoco lento per circa 1 ora fino a quando il pollo sarà cotto. Scolatele, conservando il brodo per le zuppe.

Pollo bollito rosso

Serve 4

1 pollo
250 ml/8 fl oz/1 tazza di salsa di soia

Mettete il pollo in una padella, versatevi sopra la salsa di soia e aggiungete acqua fin quasi a coprire il pollo. Portare a ebollizione, coprire e cuocere per circa 1 ora fino a quando il pollo sarà cotto, girando di tanto in tanto.

Serve 4

2 fette di radice di zenzero

2 cipolline (erba cipollina)

1 pollo

3 spicchi di anice stellato

½ stecca di cannella

15 ml/1 cucchiaio di pepe di Szechuan

75 ml/5 cucchiai di salsa di soia

75 ml/5 cucchiai di vino di riso o sherry secco

75 ml/5 cucchiai di olio di sesamo

15 ml/1 cucchiaio di zucchero

Metti lo zenzero e lo scalogno all'interno della cavità del pollo e metti il pollo in una padella. Legare l'anice stellato, la cannella e il pepe in un pezzo di mussola e aggiungerli nella padella. Condire con salsa di soia, vino o sherry e olio di sesamo. Portare a ebollizione, coprire e cuocere per circa 45 minuti. Aggiungete lo zucchero, coprite e fate cuocere per altri 10 minuti fino a quando il pollo sarà cotto.

Pollo Arrosto Con Sesamo

Serve 4

50 g/2 once di semi di sesamo

1 cipolla tritata

2 spicchi d'aglio, tritati

10 ml/2 cucchiaini di sale

1 peperoncino rosso secco, tritato

pizzico di chiodi di garofano macinati

2,5 ml/½ cucchiaino di cardamomo macinato

2,5 ml/½ cucchiaino di zenzero macinato

75 ml/5 cucchiai di olio di arachidi

1 pollo

Mescolare tutti i condimenti e l'olio d'oliva e spennellare il pollo. Disporre in una teglia e aggiungere 30 ml/2 cucchiai di acqua nella teglia. Cuocere in forno preriscaldato a 180°C/350°F/gas mark 4 per circa 2 ore, spennellando e girando il pollo di tanto in tanto, fino a quando sarà dorato e ben cotto. Se necessario aggiungete ancora un po' d'acqua per evitare che si bruci.

Pollo in salsa di soia

Serve 4–6

300 ml/½ pt/1¼ tazza di salsa di soia

300 ml/½ pt/1¼ tazza di vino di riso o sherry secco

1 cipolla tritata

3 fette di radice di zenzero tritata

50 g/2 once/¼ tazza di zucchero

1 pollo

15 ml/1 cucchiaio di farina di mais (amido di mais)

60 ml/4 cucchiai di acqua

1 cetriolo, sbucciato e affettato

30 ml/2 cucchiai di prezzemolo fresco tritato

In una padella unire la salsa di soia, il vino o lo sherry, la cipolla, lo zenzero e lo zucchero e portare a ebollizione. Aggiungere il pollo, riportare a ebollizione, coprire e cuocere a fuoco lento per 1 ora, girando il pollo di tanto in tanto, fino a cottura ultimata. Trasferisci il pollo su un piatto caldo e taglialo. Versare tutto tranne 250 ml/8 fl oz/1 tazza del liquido di cottura e riportare a ebollizione. Mescolare la maizena e l'acqua fino a formare una pasta, unirla nella padella e cuocere, mescolando, finché la salsa non si sarà schiarita e si sarà addensata. Spennellate un po' di salsa sul pollo e guarnite con cetriolo e prezzemolo. Servire la salsa rimanente a parte.

Pollo al vapore

Serve 4

1 pollo
45 ml/3 cucchiai di vino di riso o sherry secco
sale
2 fette di radice di zenzero
2 cipolline (erba cipollina)
250 ml/8 fl oz/1 tazza di brodo di pollo

Metti il pollo in una ciotola resistente al calore e strofina con vino o sherry e sale e metti lo zenzero e l'erba cipollina all'interno della cavità. Mettere la ciotola su una gratella in una vaporiera, coprire e cuocere in acqua bollente per circa 1 ora fino a cottura. Servire caldo o freddo.

Serve 4

250 ml/8 fl oz/1 tazza di salsa di soia

250 ml/8 fl oz/1 tazza di acqua

15 ml/1 cucchiaio di zucchero di canna

4 spicchi di anice stellato

1 pollo

In una padella mescolare la salsa di soia, l'acqua, lo zucchero e il finocchio e portare a ebollizione a fuoco basso. Mettete il pollo in una ciotola e ricoprite l'interno e l'esterno con il composto. Riscaldare la miscela e ripetere. Metti il pollo in una ciotola resistente al calore. Mettere la ciotola su una gratella in una vaporiera, coprire e cuocere in acqua bollente per circa 1 ora fino a cottura.

Pollo dal sapore strano

Serve 4

1 pollo

5 ml/1 cucchiaino di radice di zenzero tritata

5 ml/1 cucchiaino di aglio tritato

45 ml/3 cucchiai di salsa di soia densa

5 ml/1 cucchiaino di zucchero

2,5 ml/½ cucchiaino di aceto di vino

10 ml/2 cucchiaini di salsa di sesamo

5 ml/1 cucchiaino di pepe appena macinato

10 ml/2 cucchiaini di olio al peperoncino

½ lattuga tritata

15 ml/1 cucchiaio di coriandolo fresco tritato

Mettete il pollo in una padella e riempitela d'acqua fino a raggiungere la metà delle cosce di pollo. Portare a ebollizione, coprire e cuocere a fuoco lento per circa 1 ora finché il pollo non sarà tenero. Togliere dalla padella, scolare bene e immergere in acqua ghiacciata finché la carne non si sarà completamente raffreddata. Scolare bene e tagliare in 5 cm/2 pezzi. Mescolare tutti gli ingredienti rimanenti e versarli sul pollo. Servire guarnito con lattuga e coriandolo.

Serve 4

100 g/4 oz di farina semplice (per tutti gli usi)

pizzico di sale

15 ml/1 cucchiaio di acqua

1 uovo

350 g/12 oz di pollo cotto, a cubetti

olio per friggere

Impastare la farina, il sale, l'acqua e l'uovo fino ad ottenere un impasto molto consistente, aggiungendo eventualmente ancora un po' d'acqua. Immergere i pezzi di pollo nella pastella finché non saranno ben ricoperti. Scaldare l'olio fino a quando sarà molto caldo e friggere il pollo per qualche minuto fino a quando sarà croccante e dorato.

Pollo con fagiolini

Serve 4

45 ml/3 cucchiai di olio di arachidi

450 g/1 libbra di pollo cotto, tagliato a pezzi

5 ml/1 cucchiaino di sale

2,5 ml/½ cucchiaino di pepe appena macinato

225 g di fagiolini verdi, tagliati a pezzi

1 gambo di sedano, tagliato in diagonale

225 g/8 once di funghi, affettati

250 ml/8 fl oz/1 tazza di brodo di pollo

30 ml/2 cucchiai di farina di mais (amido di mais)

60 ml/4 cucchiai di acqua

10 ml/2 cucchiaini di salsa di soia

Scaldare l'olio e friggere il pollo, salare e pepare finché non sarà leggermente dorato. Aggiungete i fagioli, il sedano ed i funghi e mescolate bene. Aggiungere il brodo, portare ad ebollizione, coprire e cuocere a fuoco lento per 15 minuti. Mescolare la farina di mais, l'acqua e la salsa di soia fino a formare una pasta, unirla nella padella e cuocere, mescolando, finché la salsa non si schiarisce e si addensa.

Serve 4

45 ml/3 cucchiai di olio di arachidi

225 g/8 oz di pollo cotto, tagliato a dadini

sale e pepe macinato fresco

2 gambi di sedano, tagliati in diagonale

3 fette di ananas, tagliate a pezzi

120 ml/4 fl oz/½ tazza di brodo di pollo

15 ml/1 cucchiaio di salsa di soia

10 ml/2 cucchiai di farina di mais (amido di mais)

30 ml/2 cucchiai di acqua

Scaldare l'olio e friggere il pollo finché non sarà leggermente dorato. Salare e pepare, aggiungere il sedano e soffriggere per 2 minuti. Aggiungere l'ananas, il brodo e la salsa di soia e mescolare per qualche minuto finché non saranno ben cotti. Mescolare la maizena e l'acqua fino a formare una pasta, unirla nella padella e cuocere, mescolando, finché la salsa non si sarà schiarita e si sarà addensata.

Pollo con peperoni e pomodorini

Serve 4

45 ml/3 cucchiai di olio di arachidi

450 g/1 libbra di pollo cotto, tagliato a fette

10 ml/2 cucchiaini di sale

5 ml/1 cucchiaino di pepe appena macinato

1 peperone verde tagliato a pezzi

4 pomodori grandi, spellati e tagliati a fette

250 ml/8 fl oz/1 tazza di brodo di pollo

30 ml/2 cucchiai di farina di mais (amido di mais)

15 ml/1 cucchiaio di salsa di soia

120 ml/4 fl oz/½ tazza di acqua

Scaldare l'olio e friggere il pollo, salare e pepare fino a doratura. Aggiungere i peperoni e i pomodori. Versare il brodo, portare a ebollizione, coprire e cuocere a fuoco lento per 15 minuti. Mescolare la maizena, la salsa di soia e l'acqua fino a formare una pasta, unirla nella padella e cuocere, mescolando, finché la salsa non si schiarisce e si addensa.

Pollo al sesamo

Serve 4

450 g/1 lb di pollo cotto, tagliato a listarelle

2 fette di zenzero tritato finemente

1 erba cipollina (erba cipollina) tritata finemente

sale e pepe macinato fresco

60 ml/4 cucchiai di vino di riso o sherry secco

60 ml/4 cucchiai di olio di sesamo

10 ml/2 cucchiaini di zucchero

5 ml/1 cucchiaino di aceto di vino

150 ml/¼ pt/½ tazza abbondante di salsa di soia

Disporre il pollo su un piatto da portata e cospargere con zenzero, erba cipollina, sale e pepe. Mescolare il vino o lo sherry, l'olio di sesamo, lo zucchero, l'aceto di vino e la salsa di soia. Versare sopra il pollo.

Polli fritti

Serve 4

2 cuccioli, divisi a metà
45 ml/3 cucchiai di salsa di soia
45 ml/3 cucchiai di vino di riso o sherry secco
120 ml/4 fl oz/½ tazza di olio di arachidi (arachidi).
1 erba cipollina (erba cipollina) tritata finemente
30 ml/2 cucchiai di brodo di pollo
10 ml/2 cucchiaini di zucchero
5 ml/1 cucchiaino di olio al peperoncino
5 ml/1 cucchiaino di pasta d'aglio
sale e pepe

Mettete i gallinetti in una ciotola. Mescolare la salsa di soia con il vino o lo sherry, versare sui galletti, coprire e lasciare marinare per 2 ore, bagnando spesso. Scaldare l'olio e friggere i polli per circa 20 minuti fino a cottura. Toglieteli dalla padella e scaldate nuovamente l'olio. Rimetteteli nella padella e friggeteli fino a doratura. Scaricare la maggior parte dell'olio. Mescolare gli ingredienti rimanenti, aggiungerli nella padella e scaldare velocemente. Versare sui polli prima di servire.

Serve 4

60 ml/4 cucchiai di olio di arachidi

2 erba cipollina (erba cipollina), tritata

2 spicchi d'aglio schiacciati

1 fetta di radice di zenzero tritata

225 g di petto di tacchino, tagliato a listarelle

225 g/8 once di taccole (piselli)

100 g/4 oz di germogli di bambù, tagliati a strisce

50 g di castagne d'acqua, tagliate a listarelle

45 ml/3 cucchiai di salsa di soia

15 ml/1 cucchiaio di vino di riso o sherry secco

5 ml/1 cucchiaino di zucchero

5 ml/1 cucchiaino di sale

15 ml/1 cucchiaio di farina di mais (amido di mais)

Scaldare 45 ml/3 cucchiai di olio e friggere i cipollotti, l'aglio e lo zenzero finché diventano leggermente dorati. Aggiungere il tacchino e friggere per 5 minuti. Togliere dalla padella e mettere da parte. Scaldare l'olio rimasto e friggere le taccole, i germogli di bambù e le castagne d'acqua per 3 minuti. Aggiungere la salsa di soia, il vino o lo sherry, lo zucchero e il sale e rimettere il tacchino nella padella. Friggere per 1 minuto. Mescolare la maizena con un po' d'acqua, versarla nella padella e cuocere, mescolando, finché la salsa non si sarà schiarita e addensata.

Serve 4

4 funghi cinesi secchi

30 ml/2 cucchiai di olio di arachidi

1 cavolo cinese tagliato a listarelle

350 g di tacchino affumicato, tagliato a listarelle

1 cipolla affettata

1 peperone rosso tagliato a listarelle

1 peperone verde tagliato a listarelle

120 ml/4 fl oz/½ tazza di brodo di pollo

30 ml/2 cucchiai di passata di pomodoro (pasta)

45 ml/3 cucchiai di aceto di vino

30 ml/2 cucchiai di salsa di soia

15 ml/1 cucchiaio di salsa hoisin

10 ml/2 cucchiaino di farina di mais (amido di mais)

qualche goccia di olio al peperoncino

Mettere a bagno i funghi in acqua tiepida per 30 minuti e poi scolarli. Eliminare i gambi e tagliare la parte superiore a listarelle. Scaldare metà dell'olio e friggere il cavolo per circa 5 minuti o fino a cottura. Togliere dalla padella. Aggiungere il tacchino e friggere per 1 minuto. Aggiungere le verdure e friggere per 3 minuti. Mescolare il brodo con la passata di pomodoro, l'aceto di vino e le salse e unirlo nella padella con la verza. Mescolare la farina di mais con un po' d'acqua, incorporarla nella padella e portare ad ebollizione mescolando. Irrorare con olio al peperoncino e cuocere per 2 minuti, mescolando continuamente.

Tacchino arrosto cinese

Serve 8-10

1 piccolo tacchino
600 ml/1 pt/2½ tazze di acqua calda
10 ml/2 cucchiaini di pimento
500 ml/16 fl oz/2 tazze di salsa di soia
5 ml/1 cucchiaino di olio di sesamo
10 ml/2 cucchiaini di sale
45 ml/3 cucchiai di burro

Mettete il tacchino in una padella e versateci sopra dell'acqua calda. Aggiungete gli altri ingredienti, escluso il burro, e lasciate riposare per 1 ora, girando più volte. Togliere il tacchino dal liquido e spennellarlo con il burro. Disporre su una teglia, coprire con carta stagnola e cuocere in forno preriscaldato a 160°C/gas mark 3 per circa 4 ore, bagnando di tanto in tanto con il liquido della salsa di soia. Togliere la pellicola e lasciare che la pelle diventi croccante durante gli ultimi 30 minuti di cottura.

Tacchino con noci e funghi

Serve 4

Filetto di petto di tacchino da 450 g/1 libbra

sale e pepe

succo di 1 arancia

15 ml/1 cucchiaio di farina semplice (per tutti gli usi)

12 noci nere conservate con succo

5 ml/1 cucchiaino di farina di mais (amido di mais)

15 ml/1 cucchiaio di olio di arachidi

2 cipolline (erba cipollina), tagliate a dadini

225 g di funghi champignon

45 ml/3 cucchiai di vino di riso o sherry secco

10 ml/2 cucchiaini di salsa di soia

50 g/2 once/½ tazza di burro

25 g di pinoli

Tagliare il tacchino a fette spesse 1 cm/½. Cospargere di sale, pepe e succo d'arancia e spolverare con farina. Scolare e tagliare a metà le noci, conservando il liquido e mescolare il liquido con la farina di mais. Scaldare l'olio e friggere il tacchino fino a doratura. Aggiungere le cipolline e i funghi e friggere per 2 minuti. Aggiungere il vino o lo sherry e la salsa di soia e cuocere per 30 secondi. Aggiungere le noci al composto di farina di mais, mescolare nella padella e portare a ebollizione. Aggiungete il burro a scaglie piccole, ma non fatelo bollire. Tostare i pinoli in una padella asciutta fino a doratura. Trasferire il composto di tacchino in un piatto da portata riscaldato e servire guarnito con pinoli.

Anatra con germoglio di bambù

Serve 4

6 funghi cinesi secchi

1 anatra

50 g di prosciutto affumicato, tagliato a listarelle

100 g/4 oz di germogli di bambù, tagliati a strisce

2 cipolline (erba cipollina), tagliate a listarelle

2 fette di radice di zenzero, tagliate a listarelle

5 ml/1 cucchiaino di sale

Mettere a bagno i funghi in acqua tiepida per 30 minuti e poi scolarli. Eliminare i gambi e tagliare la parte superiore a listarelle. Mettete tutti gli ingredienti in una ciotola resistente al calore e mettetela in una padella piena d'acqua fino a due terzi dell'altezza della ciotola. Portare a bollore, coprire e cuocere per circa 2 ore fino a quando l'anatra sarà cotta, eventualmente aggiungendo acqua bollente.

Anatra con germogli di soia

Serve 4

225 g/8 once di germogli di soia

45 ml/3 cucchiai di olio di arachidi

450 g/1 libbra di carne di anatra cotta

15 ml/1 cucchiaio di salsa di ostriche

15 ml/1 cucchiaio di vino di riso o sherry secco

30 ml/2 cucchiai di acqua

2,5 ml/½ cucchiaino di sale

Sbollentare i germogli di soia in acqua bollente per 2 minuti, quindi scolarli. Scaldare l'olio, friggere i germogli di soia per 30 secondi. Aggiungere l'anatra e friggerla fino a quando sarà ben cotta. Aggiungere gli ingredienti rimanenti e friggere per 2 minuti per amalgamare i sapori. Servire immediatamente.

Anatra arrosto

Serve 4

4 scalogni (erba cipollina), tritati

1 fetta di radice di zenzero tritata

120 ml/4 fl oz/½ tazza di salsa di soia

30 ml/2 cucchiai di vino di riso o sherry secco

1 anatra

120 ml/4 fl oz/½ tazza di olio di arachidi (arachidi).

600 ml/1 pt/2½ tazze di acqua

15 ml/1 cucchiaio di zucchero di canna

Mescolare i cipollotti, lo zenzero, la salsa di soia e il vino o lo sherry e strofinare l'interno e l'esterno dell'anatra. Scaldare l'olio e friggere l'anatra finché non sarà leggermente dorata su tutti i lati. Scaricare l'olio. Aggiungere l'acqua e il resto della salsa di soia, portare a ebollizione, coprire e cuocere a fuoco lento per 1 ora. Aggiungete lo zucchero, coprite e fate cuocere per altri 40 minuti finché l'anatra sarà tenera.

Anatra al Vapore con Sedano

Serve 4

350 g/12 oz di anatra cotta, tagliata a fette

1 testa di sedano

250 ml/8 fl oz/1 tazza di brodo di pollo

2,5 ml/½ cucchiaino di sale

5 ml/1 cucchiaino di olio di sesamo

1 pomodoro tagliato a fette

Metti l'anatra su una griglia per cottura a vapore. Tagliare il sedano in pezzi lunghi 7,5 cm/3 e metterli in una padella. Versare il brodo, aggiustare di sale e posizionare la vaporiera sopra la padella. Portare a ebollizione il brodo e cuocere a fuoco lento per circa 15 minuti finché il sedano sarà tenero e l'anatra ben cotta. Disporre l'anatra e il sedano su un piatto caldo, cospargere il sedano con olio di sesamo e servire guarnito con fette di pomodoro.

Anatra allo zenzero

Serve 4

350 g/12 oz di petto d'anatra tagliato sottile

1 uovo leggermente sbattuto

5 ml/1 cucchiaino di salsa di soia

5 ml/1 cucchiaino di farina di mais (amido di mais)

5 ml/1 cucchiaino di olio di arachidi

olio per friggere

50 g/2 once di germogli di bambù

50 g/2 oz taccole (piselli)

2 fette di radice di zenzero tritata

15 ml/1 cucchiaio di acqua

2,5 ml/½ cucchiaino di zucchero

2,5 ml/½ cucchiaino di vino di riso o sherry secco

2,5 ml/½ cucchiaino di olio di sesamo

Mescolare l'anatra con l'uovo, la salsa di soia, la farina di mais e l'olio d'oliva e lasciarla riposare per 10 minuti. Scaldare l'olio e friggere l'anatra e i germogli di bambù finché saranno cotti e dorati. Togliere dalla padella e scolare bene. Versare dalla padella tutto tranne 15 ml/1 cucchiaio di olio e friggere l'anatra, i germogli di bambù, le taccole, lo zenzero, l'acqua, lo zucchero e

il vino o lo sherry per 2 minuti. Servire cosparso di olio di
sesamo.

Anatra con fagiolini

Serve 4

1 anatra

60 ml/4 cucchiai di olio di arachidi

2 spicchi d'aglio schiacciati

2,5 ml/½ cucchiaino di sale

1 cipolla tritata

15 ml/1 cucchiaio di radice di zenzero grattugiata

45 ml/3 cucchiai di salsa di soia

120 ml/4 fl oz/½ tazza di vino di riso o sherry secco

60 ml/4 cucchiai di ketchup di pomodoro (ketchup)

45 ml/3 cucchiai di aceto di vino

300 ml/½ pt/1¼ tazza di brodo di pollo

450 g/1 lb di fagiolini, a fette

pizzico di pepe appena macinato

5 gocce di olio al peperoncino

15 ml/1 cucchiaio di farina di mais (amido di mais)

30 ml/2 cucchiai di acqua

Tagliare l'anatra in 8 o 10 pezzi. Scaldare l'olio e friggere l'anatra
fino a doratura. Trasferire in una ciotola. Aggiungere l'aglio, il

sale, la cipolla, lo zenzero, la salsa di soia, il vino o lo sherry, il ketchup e l'aceto di vino. Mescolare, coprire e lasciare marinare in frigorifero per 3 ore.

Riscaldare l'olio, aggiungere l'anatra, il brodo e la marinata, portare a ebollizione, coprire e cuocere per 1 ora. Aggiungere i fagioli, coprire e cuocere per 15 minuti. Aggiungere pepe e olio al peperoncino. Mescolare la farina di mais con l'acqua, incorporarla nella padella e cuocere, mescolando, finché la salsa non si sarà addensata.

Anatra fritta al vapore

Serve 4

1 anatra
sale e pepe macinato fresco
olio per friggere
salsa hoisin

Condire l'anatra con sale e pepe e metterla in una ciotola resistente al calore. Mettetela in una pentola riempita d'acqua per due terzi dell'altezza della ciotola, portate a ebollizione, coprite e fate cuocere per circa 1 ora e mezza finché l'anatra sarà tenera. Scolare e lasciare raffreddare.

Scaldare l'olio e friggere l'anatra fino a renderla croccante e dorata. Rimuovere e scolare bene. Tagliare a pezzetti e servire con salsa hoisin.

Anatra ai Frutti Esotici

Serve 4

4 filetti di petto d'anatra tagliati a listarelle

2,5 ml/½ cucchiaino di polvere di cinque spezie

30 ml/2 cucchiai di salsa di soia

15 ml/1 cucchiaio di olio di sesamo

15 ml/1 cucchiaio di olio di arachidi

3 gambi di sedano a dadini

2 fette di ananas a cubetti

100 g di melone, a cubetti

100 g/4 oz di litchi, tagliati a metà

130 ml/4 fl oz/½ tazza di brodo di pollo

30 ml/2 cucchiai di passata di pomodoro (pasta)

30 ml/2 cucchiai di salsa hoisin

10 ml/2 cucchiaini di aceto di vino

pizzico di zucchero di canna

Metti l'anatra in una ciotola. Mescolare la polvere di cinque spezie, la salsa di soia e l'olio di sesamo, versare sull'anatra e lasciar marinare per 2 ore, mescolando di tanto in tanto. Scaldare l'olio e friggere l'anatra per 8 minuti. Togliere dalla padella.

Aggiungere il sedano e la frutta e friggere per 5 minuti.

Rimettere l'anatra nella padella con gli altri ingredienti, portare a ebollizione e cuocere, mescolando, per 2 minuti prima di servire.

Anatra arrosto con foglie cinesi

Serve 4

1 anatra

30 ml/2 cucchiai di vino di riso o sherry secco

30 ml/2 cucchiai di salsa hoisin

15 ml/1 cucchiaio di farina di mais (amido di mais)

5 ml/1 cucchiaino di sale

5 ml/1 cucchiaino di zucchero

60 ml/4 cucchiai di olio di arachidi

4 scalogni (erba cipollina), tritati

2 spicchi d'aglio schiacciati

1 fetta di radice di zenzero tritata

75 ml/5 cucchiai di salsa di soia

600 ml/1 pt/2½ tazze di acqua

225 g/8 once di foglie cinesi, tritate

Tagliare l'anatra in circa 6 pezzi. Mescolare il vino o lo sherry, la salsa hoisin, la farina di mais, il sale e lo zucchero e spalmarli sull'anatra. Lasciare riposare per 1 ora. Scaldate l'olio e fate soffriggere per pochi secondi l'erba cipollina, l'aglio e lo zenzero. Aggiungere l'anatra e friggerla finché sarà leggermente dorata su tutti i lati. drenare il grasso in eccesso. Versare la salsa di soia e l'acqua, portare ad ebollizione, coprire e cuocere a fuoco lento per circa 30 minuti. Aggiungere le foglie cinesi, coprire nuovamente e cuocere per altri 30 minuti finché l'anatra sarà tenera.

Anatra ubriaca

Serve 4

2 erba cipollina (erba cipollina), tritata
2 spicchi d'aglio, tritati
1,5 l/2½ punti/6 tazze di acqua
1 anatra
450 ml/¾ pt/2 tazze di vino di riso o sherry secco

Mettete l'erba cipollina, l'aglio e l'acqua in una pentola capiente e portate a ebollizione. Aggiungere l'anatra, riportare a ebollizione, coprire e cuocere per 45 minuti. Scolatele bene, conservando il liquido per il brodo. Lascia raffreddare l'anatra e mettila in frigorifero per una notte. Tagliate l'anatra a pezzi e metteteli in un barattolo capiente con coperchio a vite. Versare sopra il vino o lo sherry e conservare in frigorifero per circa 1 settimana prima di scolare e servire freddo.

Anatra alle Cinque Spezie

Serve 4

150 ml/¼ pt/½ tazza generosa di vino di riso o sherry secco

150 ml/¼ pt/½ tazza abbondante di salsa di soia

1 anatra

10 ml/2 cucchiaino di polvere di cinque spezie

Portare a ebollizione il vino o lo sherry e la salsa di soia.
Aggiungere l'anatra e cuocere, girando, per circa 5 minuti.
Togliere l'anatra dalla padella e strofinare la polvere di cinque
spezie sulla pelle. Riporta l'uccello nella padella e aggiungi
abbastanza acqua da coprire l'anatra a metà. Portare a ebollizione,
coprire e cuocere per circa 1 ora e mezza fino a quando l'anatra
sarà tenera, girando e imbastendo frequentemente. Tagliare
l'anatra in pezzi di 5 cm/2 e servire calda o fredda.

Serve 4

1 anatra

2 fette di radice di zenzero, grattugiata

2 erba cipollina (erba cipollina), tritata

15 ml/1 cucchiaio di farina di mais (amido di mais)

30 ml/2 cucchiai di salsa di soia

30 ml/2 cucchiai di vino di riso o sherry secco

2,5 ml/½ cucchiaino di sale

45 ml/3 cucchiai di olio di arachidi

Togliere la carne dalle ossa e tagliarla a pezzi. Mescolare la carne con tutti gli altri ingredienti tranne l'olio d'oliva. Lasciare riposare per 1 ora. Scaldare l'olio e friggere l'anatra con la marinata per circa 15 minuti finché sarà tenera.

Serve 4

1 anatra

Prosciutto affumicato 450 g/1 libbra

2 porri

2 fette di radice di zenzero tritata

45 ml/3 cucchiai di vino di riso o sherry secco

45 ml/3 cucchiai di salsa di soia

2,5 ml/½ cucchiaino di sale

Mettete l'anatra in una padella e copritela solo con acqua fredda.
Portare a ebollizione, coprire e cuocere per circa 20 minuti.
Scolare e mettere da parte 450 ml/¾ punti/2 tazze di brodo.
Lasciare raffreddare leggermente l'anatra, quindi togliere la carne
dalle ossa e tagliarla in quadrati di 5 cm/2. Tagliare il prosciutto
in pezzi simili. Tagliare lunghi pezzi di porro e avvolgere
all'interno della foglia una fetta di anatra e prosciutto e legare con
lo spago. Mettere in una ciotola resistente al calore. Aggiungere
lo zenzero, il vino o lo sherry, la salsa di soia e il sale al brodo
riservato e versare sugli involtini d'anatra. Metti la ciotola in una
padella piena d'acqua fino a due terzi dei lati della ciotola.
Portare a ebollizione, coprire e cuocere per circa 1 ora finché
l'anatra sarà tenera.

Anatra arrosto al miele

Serve 4

1 anatra

sale

3 spicchi d'aglio schiacciati

3 erba cipollina (erba cipollina), tritata

45 ml/3 cucchiai di salsa di soia

45 ml/3 cucchiai di vino di riso o sherry secco

45 ml/3 cucchiai di miele

200 ml/7 fl oz/meno di 1 tazza di acqua bollente

Asciugare l'anatra e strofinarla con sale dentro e fuori. Mescolare l'aglio, l'erba cipollina, la salsa di soia e il vino o lo sherry e dividere il composto a metà. Mescolare il miele a metà e spalmarlo sull'anatra e lasciarlo asciugare. Aggiungi acqua alla miscela di miele rimanente. Versare il composto di salsa di soia nella cavità dell'anatra e adagiarla su una gratella in una teglia con un po' d'acqua sul fondo. Arrostire in forno preriscaldato a 180°C/gas mark 4 per circa 2 ore finché l'anatra sarà tenera, ungendola durante la cottura con il restante composto di miele.

Anatra arrosto umida

Serve 4

6 erba cipollina (erba cipollina), tritata
2 fette di radice di zenzero tritata
1 anatra
2,5 ml/½ cucchiaino di anice macinato
15 ml/1 cucchiaio di zucchero
45 ml/3 cucchiai di vino di riso o sherry secco
60 ml/4 cucchiai di salsa di soia
250 ml/8 fl oz/1 tazza di acqua

Metti metà dei cipollotti e dello zenzero in una padella larga e spessa. Versare il resto nella cavità dell'anatra e metterlo nella padella. Aggiungere tutti gli ingredienti rimanenti tranne la salsa hoisin, portare a ebollizione, coprire e cuocere per circa 1 ora e mezza, girando di tanto in tanto. Togliere l'anatra dalla padella e lasciarla asciugare per circa 4 ore.

Disporre l'anatra su una griglia in una teglia con un po' di acqua fredda. Cuocere in forno preriscaldato a 230°C/450°F/gas mark 8 per 15 minuti, quindi girare e cuocere per altri 10 minuti fino a quando diventano croccanti. Nel frattempo scaldare il liquido messo da parte e versarlo sull'anatra per servire.

Serve 4

1 anatra

75 ml/5 cucchiai di olio di arachidi

45 ml/3 cucchiai di vino di riso o sherry secco

15 ml/1 cucchiaio di salsa di soia

15 ml/1 cucchiaio di zucchero

5 ml/1 cucchiaino di sale

pizzico di pepe

2 spicchi d'aglio schiacciati

225 g/8 once di funghi, tagliati a metà

600 ml/1 pt/2½ tazze di brodo di pollo

15 ml/1 cucchiaio di farina di mais (amido di mais)

30 ml/2 cucchiai di acqua

5 ml/1 cucchiaino di olio di sesamo

Tagliare l'anatra in 5 cm/2 pezzi. Scaldare 45 ml/3 cucchiai di olio e friggere l'anatra finché sarà leggermente dorata su tutti i lati. Aggiungere il vino o lo sherry, la salsa di soia, lo zucchero, il sale e il pepe e friggere per 4 minuti. Togliere dalla padella. Scaldare l'olio rimanente e soffriggere l'aglio fino a doratura leggermente. Aggiungere i funghi e mescolare fino a ricoprirli di olio, quindi rimettere il composto di anatra nella padella e aggiungere il brodo. Portare a ebollizione, coprire e cuocere per circa 1 ora finché l'anatra sarà tenera. Mescolare la maizena e l'acqua fino a formare una pasta, incorporarla al composto e cuocere, mescolando, finché la salsa non si sarà addensata. Cospargere con olio di sesamo e servire.

Anatra con due funghi

Serve 4

6 funghi cinesi secchi

1 anatra

750 ml/1¼ punti/3 tazze di brodo di pollo

45 ml/3 cucchiai di vino di riso o sherry secco

5 ml/1 cucchiaino di sale

100 g/4 oz di germogli di bambù, tagliati a strisce

100 g di funghi champignon

Mettere a bagno i funghi in acqua tiepida per 30 minuti e poi scolarli. Eliminare i gambi e tagliare le cime a metà. Metti l'anatra in una grande ciotola resistente al calore con il brodo, il vino o lo sherry e il sale e mettila in una padella piena d'acqua fino a due terzi dei lati della ciotola. Portare a ebollizione, coprire e cuocere a fuoco lento per circa 2 ore finché l'anatra sarà tenera. Togliere dalla padella e tagliare la carne dall'osso. Trasferire il liquido di cottura in una padella a parte. Disporre i germogli di bambù ed entrambi i tipi di funghi sul fondo della ciotola per la cottura a vapore, sostituire la carne di anatra, coprire e cuocere a vapore per altri 30 minuti. Portare a ebollizione il liquido di cottura e versarlo sull'anatra per servire.

Serve 4

4 funghi cinesi secchi

1 anatra

90 ml/6 cucchiai di salsa di soia

60 ml/4 cucchiai di olio di arachidi

1 erba cipollina (erba cipollina) tritata

1 fetta di radice di zenzero tritata

45 ml/3 cucchiai di vino di riso o sherry secco

450 g/1 libbra di cipolla, affettata

100 g/4 oz di germogli di bambù, affettati

15 ml/1 cucchiaio di zucchero di canna

15 ml/1 cucchiaio di farina di mais (amido di mais)

45 ml/3 cucchiai di acqua

Mettere a bagno i funghi in acqua tiepida per 30 minuti e poi scolarli. Eliminare i gambi e tagliare le sommità. Strofinare 15 ml/1 cucchiaio di salsa di soia sull'anatra. Conservare 15 ml/1 cucchiaio di olio, scaldare l'olio rimanente e friggere il cipollotto e lo zenzero finché non diventano leggermente dorati. Aggiungere l'anatra e friggerla finché sarà leggermente dorata su tutti i lati. Rimuovere il grasso in eccesso. Aggiungi il vino o lo sherry, la salsa di soia rimasta nella padella e abbastanza acqua da coprire quasi l'anatra. Portare a ebollizione, coprire e cuocere per 1 ora, girando di tanto in tanto.

Scaldare l'olio riservato e friggere la cipolla fino a renderla morbida. Togliere dal fuoco e incorporare i germogli di bambù e i funghi e aggiungerli all'anatra, coprire e cuocere per altri 30 minuti fino a quando l'anatra sarà tenera. Togliere l'anatra dalla padella, tagliarla a pezzetti e disporla su un piatto caldo. Portare a ebollizione i liquidi nella pentola, aggiungere lo zucchero e la maizena e cuocere, mescolando, finché il composto non bolle e si addensa. Versare sopra l'anatra per servire.

Serve 4

1 anatra
3 cipolline (erba cipollina), tagliate a pezzi
2 fette di radice di zenzero, tagliate a listarelle
1 fetta di buccia d'arancia
sale e pepe macinato fresco

Mettete l'anatra in una pentola capiente, coprite con acqua e portate a ebollizione. Aggiungere l'erba cipollina, lo zenzero e la buccia d'arancia, coprire e cuocere per circa 1 ora e mezza finché l'anatra sarà tenera. Aggiustare di sale e pepe, scolare e servire.

Serve 4

1 anatra

2 spicchi d'aglio tagliati a metà

45 ml/3 cucchiai di olio di arachidi

1 cipolla

1 arancia

120 ml/4 fl oz/½ tazza di vino di riso o sherry secco

2 fette di radice di zenzero tritata

5 ml/1 cucchiaino di sale

Strofinare l'aglio dentro e fuori l'anatra e spennellare con olio d'oliva. Forare la cipolla sbucciata con una forchetta, inserirla insieme all'arancia non sbucciata all'interno della cavità dell'anatra e chiudere con uno stuzzicadenti. Disporre l'anatra su una gratella sopra una teglia con un po' di acqua calda e arrostire in forno preriscaldato a 160°C/gas mark 3 per circa 2 ore. Eliminare i liquidi e rimettere l'anatra nella teglia. Irrorare con vino o sherry e cospargere con zenzero e sale. Rimettete in forno per altri 30 minuti. Scartare la cipolla e l'arancia e tagliare l'anatra a pezzi per servire. Versare i succhi di cottura sull'anatra per servire.

Serve 4

225 g/8 oz castagne, sgusciate

1 anatra

45 ml/3 cucchiai di olio di arachidi

250 ml/8 fl oz/1 tazza di brodo di pollo

45 ml/3 cucchiai di salsa di soia

15 ml/1 cucchiaio di vino di riso o sherry secco

5 ml/1 cucchiaino di sale

1 fetta di radice di zenzero tritata

1 pera grande, sbucciata e tagliata a fette spesse

15 ml/1 cucchiaio di zucchero

Lessare le castagne per 15 minuti e poi scolarle. Tagliare l'anatra in 5 cm/2 pezzi. Scaldare l'olio e friggere l'anatra finché non sarà leggermente dorata su tutti i lati. Scolare l'olio in eccesso e aggiungere brodo, salsa di soia, vino o sherry, sale e zenzero. Portare a ebollizione, coprire e cuocere per 25 minuti, mescolando di tanto in tanto. Aggiungete le castagne, coprite e fate cuocere per altri 15 minuti. Cospargere la pera con lo zucchero, metterla nella padella e cuocere per circa 5 minuti fino a quando sarà ben dorata.

anatra pechinese

Serve 6

1 anatra

250 ml/8 fl oz/1 tazza di acqua

120 ml/4 fl oz/½ tazza di miele

120 ml/4 fl oz/½ tazza di olio di sesamo

Per i pancake:

250 ml/8 fl oz/1 tazza di acqua

225 g/8 oz/2 tazze di farina semplice (per tutti gli usi).

olio di arachidi (arachidi) per friggere

Per le immersioni:

120 ml/4 fl oz/½ tazza di salsa hoisin

30 ml/2 cucchiai di zucchero di canna

30 ml/2 cucchiai di salsa di soia

5 ml/1 cucchiaino di olio di sesamo

6 scalogni (erba cipollina), tagliati longitudinalmente

1 cetriolo tagliato a listarelle

L'anatra deve essere intera e con la pelle integra. Lega saldamente il collo con lo spago e cuci o fora l'apertura inferiore. Praticare un piccolo taglio sul lato del collo, inserire una cannuccia e soffiare sotto la pelle finché non si gonfia.

Appendere l'anatra sopra una bacinella e lasciarla appesa per 1 ora.

Portare a bollore una pentola d'acqua, aggiungere l anatra e farla bollire per 1 minuto, poi scolarla e asciugarla bene Portare l'acqua a ebollizione e aggiungere il miele. Strofina il composto sulla pelle dell'anatra finché non è saturo. Appendere l'anatra sopra una bacinella in un luogo fresco e ventilato per circa 8 ore finché la pelle non diventa dura.

Appendere l'anatra o posizionarla su una griglia sopra una teglia e arrostirla in forno preriscaldato a 180°C/350°F/gas mark 4 per circa 1 ora e mezza, ungendola regolarmente con olio di sesamo.

Per preparare le frittelle, fate bollire l'acqua e aggiungete gradualmente la farina. Impastate leggermente fino ad ottenere un impasto morbido, copritelo con un canovaccio umido e lasciatelo riposare per 15 minuti. Stendere su una superficie infarinata e formare un lungo cilindro. Tagliare a fette di 2,5 cm, appiattirle a circa 5 mm di spessore e spennellare la superficie con olio. Impilare a coppie con le superfici oliate a contatto e spolverare leggermente l'esterno con farina. Stendere a coppie fino a circa 10 cm di diametro e cuocere a coppie per circa 1 minuto su ciascun lato fino a quando saranno leggermente dorate. Separare e impilare fino al momento di servire.

Preparare le salse mescolando metà della salsa hoisin con lo zucchero e mescolando la restante salsa hoisin con la salsa di soia e l'olio di sesamo.

Togliere l'anatra dal forno, eliminare la pelle e tagliarla a quadretti e tagliare la carne a cubetti. Disporre su piatti separati e servire con frittelle, salse e contorni.

Anatra arrosto con ananas

Serve 4

1 anatra
Pezzi di ananas in scatola sciroppato da 400 g
45 ml/3 cucchiai di salsa di soia
5 ml/1 cucchiaino di sale
pizzico di pepe appena macinato

Mettete l'anatra in una padella dal fondo spesso, coprite con acqua, portate a bollore, coprite e fate cuocere per 1 ora. Scolare lo sciroppo d'ananas nella padella con la salsa di soia, sale e pepe, coprire e cuocere per altri 30 minuti. Aggiungere i pezzi di ananas e cuocere per altri 15 minuti finché l'anatra sarà tenera.

Anatra fritta con ananas

Serve 4

1 anatra

45 ml/3 cucchiai di farina di mais (amido di mais)

45 ml/3 cucchiai di salsa di soia

225 g/8 oz di ananas in scatola sciroppato

45 ml/3 cucchiai di olio di arachidi

2 fette di radice di zenzero, tagliate a listarelle

15 ml/1 cucchiaio di vino di riso o sherry secco

5 ml/1 cucchiaino di sale

Togliere la carne dall'osso e tagliarla a pezzi. Mescolare la salsa di soia con 30 ml/2 cucchiai di maizena e incorporare l'anatra fino a quando sarà ben ricoperta. Lasciare riposare per 1 ora, mescolando di tanto in tanto. Schiacciare l'ananas e lo sciroppo e scaldare dolcemente in una padella. Mescolare la restante farina di mais con un po' d'acqua, aggiungerla nella padella e cuocere, mescolando, finché la salsa non si sarà addensata. Stai al caldo. Scaldare l'olio e friggere lo zenzero finché non diventa leggermente dorato, quindi scartare lo zenzero. Aggiungere l'anatra e friggerla finché sarà leggermente dorata su tutti i lati. Aggiungere il vino o lo sherry e il sale e friggere ancora per qualche minuto fino a quando l'anatra sarà cotta. Disporre l'anatra su un piatto caldo, versarvi sopra la salsa e servire subito.

Anatra all'ananas e zenzero

Serve 4

1 anatra
100 g/4 oz zenzero sott'aceto sciroppato
200 g/7 oz di ananas in scatola sciroppato
5 ml/1 cucchiaino di sale
15 ml/1 cucchiaio di farina di mais (amido di mais)
30 ml/2 cucchiai di acqua

Disporre l'anatra in una ciotola resistente al calore e adagiarla in una padella piena d'acqua fino a due terzi dell'altezza dei lati della ciotola. Portare a ebollizione, coprire e cuocere a fuoco lento per circa 2 ore finché l'anatra sarà tenera. Togliere l'anatra e lasciarla raffreddare leggermente. Eliminate la pelle e le lische e tagliate l'anatra a pezzetti. Disporre su un piatto da portata e tenere in caldo.

Scolare lo zenzero e lo sciroppo di ananas in una padella, aggiungere il sale, la farina di mais e l'acqua. Portare a ebollizione, mescolando, e cuocere per qualche minuto, mescolando, fino a quando la salsa si schiarirà e si addensa.

Aggiungere lo zenzero e l'ananas, mescolare e versare sull'anatra per servire.

Anatra con Ananas e Litchi

Serve 4

4 petti d'anatra

15 ml/1 cucchiaio di salsa di soia

1 spicchio di anice stellato

1 fetta di radice di zenzero

olio di arachidi (arachidi) per friggere

90 ml/6 cucchiai di aceto di vino

100 g/4 once/½ tazza di zucchero di canna

250 ml/8 fl oz/½ tazza di brodo di pollo

15 ml/1 cucchiaio di ketchup di pomodoro (ketchup)

200 g/7 oz di ananas in scatola sciroppato

15 ml/1 cucchiaio di farina di mais (amido di mais)

6 litchi in scatola

6 ciliegie al maraschino

Mettete le anatre, la salsa di soia, l'anice e lo zenzero in una padella e coprite con acqua fredda. Portare a ebollizione, schiumare, coprire e cuocere per circa 45 minuti fino a quando l'anatra sarà cotta. Scolare e asciugare. Friggere in olio molto caldo fino a quando saranno croccanti.

Nel frattempo, unire in una padella l'aceto di vino, lo zucchero, il brodo, il ketchup e 30 ml/2 cucchiai di sciroppo d'ananas, portare a ebollizione e cuocere per circa 5 minuti finché non si sarà addensato. Aggiungere la frutta e scaldarla prima di versarla sull'anatra per servire.

Anatra con Maiale e Castagne

Serve 4

6 funghi cinesi secchi

1 anatra

225 g/8 oz castagne, sgusciate

225 g/8 oz di carne di maiale magra, tagliata a cubetti

3 erba cipollina (erba cipollina), tritata

1 fetta di radice di zenzero tritata

250 ml/8 fl oz/1 tazza di salsa di soia

900 ml/1½ punto/3¾ tazze di acqua

Mettere a bagno i funghi in acqua tiepida per 30 minuti e poi scolarli. Eliminare i gambi e tagliare le sommità. Mettete in una padella ampia tutti gli altri ingredienti, portate a bollore, coprite e fate cuocere per circa 1 ora e mezza fino a quando l'anatra sarà cotta.

Anatra con patate

Serve 4

75 ml/5 cucchiai di olio di arachidi

1 anatra

3 spicchi d'aglio schiacciati

30 ml/2 cucchiai di salsa di fagioli neri

10 ml/2 cucchiaini di sale

1,2 l/2 punti/5 tazze d'acqua

2 porri, tagliati a fette spesse

15 ml/1 cucchiaio di zucchero

45 ml/3 cucchiai di salsa di soia

60 ml/4 cucchiai di vino di riso o sherry secco

1 spicchio di anice stellato

900 g/2 lb di patate, tagliate a fette spesse

½ testa di foglie cinesi

15 ml/1 cucchiaio di farina di mais (amido di mais)

30 ml/2 cucchiai di acqua
rametti di prezzemolo a foglia piatta

Scaldare 60 ml/4 cucchiai di olio e friggere l'anatra fino a doratura su tutti i lati. Lega o cuci l'estremità del collo e metti l'anatra, con il collo rivolto verso il basso, in una ciotola profonda. Scaldare l'olio rimanente e soffriggere l'aglio fino a doratura leggermente. Aggiungere la salsa di fagioli neri, salare e friggere per 1 minuto. Aggiungere l'acqua, i porri, lo zucchero, la salsa di soia, il vino o lo sherry e l'anice stellato e portare a ebollizione. Versare 120 ml/8 fl oz/1 tazza del composto nella cavità dell'anatra e legare o cucire per fissarlo. Portare a ebollizione la miscela rimanente nella padella. Aggiungere l'anatra e le patate, coprire e cuocere per 40 minuti, girando l'anatra una volta. Disporre le foglie cinesi su un piatto da portata. Togliere l'anatra dalla padella, tagliarla in pezzi di 5 cm/2 e disporla su un piatto da portata insieme alle patate. Mescolare la maizena con l'acqua fino a formare una pasta, unirla nella padella e cuocere, mescolando, finché la salsa non si sarà addensata.

Anatra bollita rossa

Serve 4

1 anatra

4 cipolline (erba cipollina), tagliate a pezzi

2 fette di radice di zenzero, tagliate a listarelle

90 ml/6 cucchiai di salsa di soia

45 ml/3 cucchiai di vino di riso o sherry secco

10 ml/2 cucchiaini di sale

10 ml/2 cucchiaini di zucchero

Mettete l'anatra in una padella spessa, copritela con acqua e portate a ebollizione. Aggiungere l'erba cipollina, lo zenzero, il vino o lo sherry e il sale, coprire e cuocere per circa 1 ora. Aggiungere lo zucchero e cuocere per altri 45 minuti finché l'anatra sarà tenera. Tagliare l'anatra su un piatto da portata e servire calda o fredda, con o senza salsa.

Anatra arrosto con vino di riso

Serve 4

1 anatra

500 ml/14 fl oz/1¾ tazza di vino di riso o sherry secco

5 ml/1 cucchiaino di sale

45 ml/3 cucchiai di salsa di soia

Mettete l'anatra con lo sherry e il sale in una padella dal fondo spesso, portate a bollore, coprite e fate cuocere per 20 minuti. Scolare l'anatra, conservando il liquido e strofinare con salsa di soia. Disporre su una gratella in una teglia con un po' di acqua calda e infornare in forno preriscaldato a 180°C/gas mark 4 per circa 1 ora, bagnando regolarmente con il vino messo da parte.

Anatra al vapore con vino di riso

Serve 4

1 anatra

4 cipolline (erba cipollina), tagliate a metà

1 fetta di radice di zenzero tritata

250 ml/8 fl oz/1 tazza di vino di riso o sherry secco

30 ml/2 cucchiai di salsa di soia

pizzico di sale

Sbollentare l'anatra in acqua bollente per 5 minuti e poi scolarla. Mettetela in una ciotola resistente al calore con gli altri ingredienti. Metti la ciotola in una padella piena d'acqua fino a due terzi dei lati della ciotola. Portare a ebollizione, coprire e cuocere a fuoco lento per circa 2 ore finché l'anatra sarà tenera. Scartare le cipolline e lo zenzero prima di servire.

Anatra salata

Serve 4

45 ml/3 cucchiai di olio di arachidi

4 petti d'anatra

3 scalogni (scalogno), affettati

2 spicchi d'aglio schiacciati

1 fetta di radice di zenzero tritata

250 ml/8 fl oz/1 tazza di salsa di soia

30 ml/2 cucchiai di vino di riso o sherry secco

30 ml/2 cucchiai di zucchero di canna

5 ml/1 cucchiaino di sale

450 ml/¾ pt/2 tazze di acqua

15 ml/1 cucchiaio di farina di mais (amido di mais)

Scaldare l'olio e friggere i petti d'anatra fino a doratura.
Aggiungere le cipolline, l'aglio e lo zenzero e soffriggere per 2
minuti. Aggiungere la salsa di soia, il vino o lo sherry, lo

zucchero e il sale e mescolare bene. Aggiungere l'acqua, portare ad ebollizione, coprire e cuocere per circa 1 ora e mezza finché la carne sarà molto tenera. Mescolare la maizena con un po' d'acqua, unirla nella padella e cuocere, mescolando, finché la salsa non si sarà addensata.

Anatra saporita con fagiolini

Serve 4

45 ml/3 cucchiai di olio di arachidi

4 petti d'anatra

3 scalogni (scalogno), affettati

2 spicchi d'aglio schiacciati

1 fetta di radice di zenzero tritata

250 ml/8 fl oz/1 tazza di salsa di soia

30 ml/2 cucchiai di vino di riso o sherry secco

30 ml/2 cucchiai di zucchero di canna

5 ml/1 cucchiaino di sale

450 ml/¾ pt/2 tazze di acqua

225 g/8 once di fagiolini

15 ml/1 cucchiaio di farina di mais (amido di mais)

Scaldare l'olio e friggere i petti d'anatra fino a doratura. Aggiungere le cipolline, l'aglio e lo zenzero e soffriggere per 2 minuti. Aggiungere la salsa di soia, il vino o lo sherry, lo zucchero e il sale e mescolare bene. Aggiungere l'acqua, portare ad ebollizione, coprire e cuocere per circa 45 minuti. Aggiungere i fagioli, coprire e cuocere per altri 20 minuti. Mescolare la maizena con un po' d'acqua, unirla nella padella e cuocere, mescolando, finché la salsa non si sarà addensata.

Anatra cotta lentamente

Serve 4

1 anatra
50 g/2 once/½ tazza di farina di mais (amido di mais)
olio per friggere
2 spicchi d'aglio schiacciati
30 ml/2 cucchiai di vino di riso o sherry secco
30 ml/2 cucchiai di salsa di soia
5 ml/1 cucchiaino di radice di zenzero grattugiata
750 ml/1¼ punti/3 tazze di brodo di pollo
4 funghi cinesi secchi
225 g/8 once di germogli di bambù, affettati
225 g/8 oz castagne d'acqua, affettate
10 ml/2 cucchiaini di zucchero
pizzico di pepe
5 scalogni (scalogno), affettati

Tagliare l'anatra a pezzi della grandezza di una porzione. Conservare 30 ml/2 cucchiai di maizena e ricoprire l'anatra con la restante maizena. Spolvera eventuali eccessi. Scaldare l'olio e friggere l'aglio e l'anatra fino a quando saranno leggermente dorati. Togliere dalla padella e scolare su carta da cucina. Metti l'anatra in una padella larga. Unire il vino o lo sherry, 15 ml/1 cucchiaio di salsa di soia e lo zenzero. Aggiungere nella padella e cuocere a fuoco vivace per 2 minuti. Aggiungere metà del brodo, portare a ebollizione, coprire e cuocere a fuoco lento per circa 1 ora finché l'anatra sarà tenera.

Nel frattempo mettete a bagno i funghi in acqua tiepida per 30 minuti e poi scolateli. Eliminare i gambi e tagliare le sommità. Aggiungere all'anatra i funghi, i germogli di bambù e le castagne d'acqua e cuocere, mescolando spesso, per 5 minuti. Eliminare eventuali grassi dal liquido. Mescolare il restante brodo, la farina di mais e la salsa di soia con lo zucchero e il pepe e mescolare nella padella. Portare a ebollizione, mescolando e cuocere per circa 5 minuti finché la salsa non si sarà addensata. Trasferire in una ciotola riscaldata e servire guarnito con cipolline.

Anatra fritta

Serve 4

1 albume leggermente sbattuto

20 ml/1 cucchiaio e mezzo di farina di mais (amido di mais)

sale

450 g/1 lb di petto d'anatra tagliato a fettine sottili

45 ml/3 cucchiai di olio di arachidi

2 cipolline (erba cipollina), tagliate a listarelle

1 peperone verde tagliato a listarelle

5 ml/1 cucchiaino di vino di riso o sherry secco

75 ml/5 cucchiai di brodo di pollo

2,5 ml/½ cucchiaino di zucchero

Sbattere l'albume con 15 ml/1 cucchiaio di maizena e un pizzico di sale. Aggiungere l'anatra a fette e mescolare fino a ricoprirla. Scaldare l'olio e friggere l'anatra finché sarà cotta e dorata.

Togliere l'anatra dalla padella e scolarla completamente tranne 30 ml/2 cucchiai di olio. Aggiungere l'erba cipollina e il pepe e friggere per 3 minuti. Aggiungere il vino o lo sherry, il brodo e lo zucchero e portare a ebollizione. Mescolare la restante farina di mais con un po' d'acqua, unirla alla salsa e cuocere, mescolando, finché la salsa non si sarà addensata. Aggiungere l'anatra, scaldare e servire.

Anatra con patate dolci

Serve 4

1 anatra

250 ml/8 fl oz/1 tazza di olio di arachidi (arachidi).

225 g/8 once di patate dolci, sbucciate e tagliate a cubetti

2 spicchi d'aglio schiacciati

1 fetta di radice di zenzero tritata

2,5 ml/½ cucchiaino di cannella

2,5 ml/½ cucchiaino di chiodi di garofano macinati

pizzico di anice macinato

5 ml/1 cucchiaino di zucchero

15 ml/1 cucchiaio di salsa di soia

250 ml/8 fl oz/1 tazza di brodo di pollo

15 ml/1 cucchiaio di farina di mais (amido di mais)

30 ml/2 cucchiai di acqua

Tagliare l'anatra in 5 cm/2 pezzi. Scaldare l'olio e friggere le patate fino a doratura. Toglieteli dalla padella e scolate tutto tranne 30 ml/2 cucchiai di olio. Aggiungere l'aglio e lo zenzero e friggere per 30 secondi. Aggiungere l'anatra e friggerla finché sarà leggermente dorata su tutti i lati. Aggiungere le spezie, lo zucchero, la salsa di soia e il brodo e portare a ebollizione. Aggiungete le patate, coprite e fate cuocere per circa 20 minuti finché l'anatra sarà tenera. Mescolare la maizena con l'acqua fino a formare una pasta, unirla nella padella e cuocere, mescolando, finché la salsa non si sarà addensata.

Anatra in agrodolce

Serve 4

1 anatra

1,2 l/2 punti/5 tazze di brodo di pollo

2 cipolle

2 carote

2 spicchi d'aglio affettati

15 ml/1 cucchiaio di condimento per sottaceti

10 ml/2 cucchiaini di sale

10 ml/2 cucchiaino di olio di arachidi

6 erba cipollina (erba cipollina), tritata

1 mango sbucciato e tagliato a cubetti

12 litchi, dimezzati

15 ml/1 cucchiaio di farina di mais (amido di mais)

15 ml/1 cucchiaio di aceto di vino

10 ml/2 cucchiaino di passata di pomodoro (pasta)
15 ml/1 cucchiaio di salsa di soia
5 ml/1 cucchiaino di polvere di cinque spezie
300 ml/½ pt/1¼ tazza di brodo di pollo

Disporre l'anatra in un cestello per la cottura a vapore sopra una padella contenente brodo, cipolla, carote, aglio, condimento di sottaceti e sale. Coprire e cuocere a vapore per 2 ore e mezza. Raffreddare l'anatra, coprire e conservare in frigorifero per 6 ore. Togliere la carne dalle ossa e tagliarla a cubetti. Scaldare l'olio e friggere l'anatra e l'erba cipollina finché diventano croccanti. Aggiungere gli ingredienti rimanenti, portare a ebollizione e cuocere per 2 minuti, mescolando, finché la salsa non si sarà addensata.

Anatra al mandarino

Serve 4

1 anatra
60 ml/4 cucchiai di olio di arachidi
1 pezzo di buccia di mandarino essiccata
900 ml/1½ punti/3¾ tazze di brodo di pollo

5 ml/1 cucchiaino di sale

Appendi l'anatra ad asciugare per 2 ore. Scaldate metà dell'olio e friggete l'anatra finché non sarà leggermente dorata. Trasferire in una grande ciotola resistente al calore. Scaldare l'olio rimasto e friggere la buccia del mandarino per 2 minuti, quindi inserirla all'interno dell'anatra. Versare il brodo sull'anatra e aggiustare di sale. Mettere la ciotola su una gratella in una vaporiera, coprire e cuocere a vapore per circa 2 ore fino a quando l'anatra sarà tenera.

Anatra con verdure

Serve 4

1 anatra grande tagliata in 16 pezzi
sale
300 ml/½ pt/1¼ tazza di acqua
300 ml/½ pt/1¼ tazza di vino bianco secco
120 ml/4 fl oz/½ tazza di aceto di vino
45 ml/3 cucchiai di salsa di soia
30 ml/2 cucchiai di salsa di prugne
30 ml/2 cucchiai di salsa hoisin
5 ml/1 cucchiaino di polvere di cinque spezie
6 erba cipollina (erba cipollina), tritata
2 carote tritate

5 cm/2 di ravanello bianco tritato

50 g/2 once di cavolo cinese, tagliato a dadini

pepe appena macinato

5 ml/1 cucchiaino di zucchero

Mettete i pezzi di anatra in una ciotola, cospargeteli di sale e aggiungete l'acqua e il vino. Aggiungere l'aceto di vino, la salsa di soia, la salsa di prugne, la salsa hoisin e la polvere di cinque spezie, portare a ebollizione, coprire e cuocere a fuoco lento per circa 1 ora. Aggiungete le verdure nella padella, togliete il coperchio e fate cuocere per altri 10 minuti. Condire con sale, pepe e zucchero e lasciare raffreddare. Coprire e conservare in frigorifero durante la notte. Eliminare il grasso e riscaldare l'anatra nella salsa per 20 minuti.

Anatra Fritta Con Verdure

Serve 4

4 funghi cinesi secchi

1 anatra

10 ml/2 cucchiaino di farina di mais (amido di mais)

15 ml/1 cucchiaio di salsa di soia

45 ml/3 cucchiai di olio di arachidi

100 g/4 oz di germogli di bambù, tagliati a strisce

50 g di castagne d'acqua, tagliate a listarelle

120 ml/4 fl oz/½ tazza di brodo di pollo

15 ml/1 cucchiaio di vino di riso o sherry secco

5 ml/1 cucchiaino di sale

Mettere a bagno i funghi in acqua tiepida per 30 minuti e poi scolarli. Eliminare i gambi e tagliare le sommità a cubetti.

Togliere la carne dalle ossa e tagliarla a pezzi. Mescolare la farina di mais e la salsa di soia, aggiungere alla carne d'anatra e lasciare riposare per 1 ora. Scaldare l'olio e friggere l'anatra finché non sarà leggermente dorata su tutti i lati. Togliere dalla padella. Aggiungere nella padella i funghi, i germogli di bambù e le castagne d'acqua e friggere per 3 minuti. Aggiungere il brodo, il vino o lo sherry e il sale, portare a ebollizione e cuocere per 3 minuti. Rimettete l'anatra nella padella, coprite e fate cuocere per altri 10 minuti finché l'anatra sarà tenera.

Anatra in umido bianca

Serve 4

1 fetta di radice di zenzero tritata
250 ml/8 fl oz/1 tazza di vino di riso o sherry secco
sale e pepe macinato fresco
1 anatra
3 erba cipollina (erba cipollina), tritata
5 ml/1 cucchiaino di sale
100 g/4 oz di germogli di bambù, affettati
100 g/4 oz prosciutto affumicato, affettato

Unire lo zenzero, 15 ml/1 cucchiaio di vino o sherry, un po' di sale e pepe. Distribuitelo sull'anatra e lasciate riposare per 1 ora. Mettete l'uccello in una padella dal fondo spesso con la marinata e aggiungete l'erba cipollina e il sale. Aggiungere acqua fredda quanto basta per coprire l'anatra, portare ad ebollizione, coprire e cuocere per circa 2 ore finché l'anatra sarà tenera. Aggiungere i germogli di bambù e il prosciutto e cuocere per altri 10 minuti.

Anatra al vino

Serve 4

1 anatra
15 ml/1 cucchiaio di salsa di fagioli gialli
1 cipolla affettata
1 bottiglia di vino bianco secco

Strofinare l'anatra dentro e fuori con la salsa di fagioli gialli. Metti la cipolla all'interno della cavità. In una padella ampia portate a ebollizione il vino, aggiungete l'anatra, riportate a bollore, coprite e fate cuocere il più dolcemente possibile per circa 3 ore finché l'anatra sarà tenera. Scolare e tagliare per servire.

Anatra al vapore di vino

Serve 4

1 anatra
sale al sedano
200 ml/7 fl oz/poco 1 tazza di vino di riso o sherry secco
30 ml/2 cucchiai di prezzemolo fresco tritato

Strofinare l'anatra con sale di sedano dentro e fuori e disporla in una pirofila profonda. Metti un bicchiere resistente al calore contenente il vino nella cavità dell'anatra. Disporre la pirofila su una gratella nella vaporiera, coprire e cuocere in acqua bollente per circa 2 ore finché l'anatra sarà tenera.

fagiano fritto

Serve 4

900 g/2 lb di fagiano
30 ml/2 cucchiai di salsa di soia
4 uova sbattute
120 ml/4 fl oz/½ tazza di olio di arachidi (arachidi).

Disossare il fagiano e tagliare la carne. Mescolare con la salsa di soia e lasciare riposare per 30 minuti. Scolate il fagiano e immergetelo nelle uova. Scaldate l'olio e friggete velocemente il fagiano fino a doratura. Scolare bene prima di servire.

Fagiano alle Mandorle

Serve 4

45 ml/3 cucchiai di olio di arachidi

2 erba cipollina (erba cipollina), tritata

1 fetta di radice di zenzero tritata

225 g/8 oz di fagiano, tagliato a fettine molto sottili

50 g/2 once di prosciutto grattugiato

30 ml/2 cucchiai di salsa di soia

30 ml/2 cucchiai di vino di riso o sherry secco

5 ml/1 cucchiaino di zucchero

5 ml/1 cucchiaino di pepe appena macinato

2,5 ml/½ cucchiaino di sale

100 g/4 oz/1 tazza di mandorle a scaglie

Scaldare l'olio e friggere l'erba cipollina e lo zenzero finché diventano leggermente dorati. Aggiungete il fagiano e il prosciutto e fate rosolare per 5 minuti fino a quando saranno quasi cotti. Aggiungere salsa di soia, vino o sherry, zucchero, pepe e sale e friggere per 2 minuti. Aggiungere le mandorle e friggere per 1 minuto finché gli ingredienti non saranno ben amalgamati.

Cervo Con Funghi Secchi

Serve 4

8 funghi cinesi secchi

450 g di filetto di cervo, tagliato a listarelle

15 ml/1 cucchiaio di bacche di ginepro macinate

15 ml/1 cucchiaio di olio di sesamo

30 ml/2 cucchiai di salsa di soia

30 ml/2 cucchiai di salsa hoisin

5 ml/1 cucchiaino di polvere di cinque spezie

30 ml/2 cucchiai di olio di arachidi

6 erba cipollina (erba cipollina), tritata

30 ml/2 cucchiai di miele

30 ml/2 cucchiai di aceto di vino

Mettere a bagno i funghi in acqua tiepida per 30 minuti e poi scolarli. Eliminare i gambi e tagliare le sommità. Metti la carne di cervo in una ciotola. Mescolare le bacche di ginepro, l'olio di sesamo, la salsa di soia, la salsa hoisin e la polvere di cinque spezie, versare sulla carne di cervo e lasciar marinare per almeno 3 ore, mescolando di tanto in tanto. Scaldare l'olio e friggere la carne per 8 minuti fino a cottura. Togliere dalla padella. Aggiungere le cipolline e i funghi nella padella e friggere per 3 minuti. Rimettere la carne nella padella con il miele e l'aceto di vino e scaldare mescolando.

Uova Salate

Ne fa 6

1,2 l/2 punti/5 tazze d'acqua
100 g/4 once di salgemma
6 uova di anatra

Portare a ebollizione l'acqua con il sale e mescolare finché il sale non si scioglie. Lasciate raffreddare. Versate l'acqua salata in una brocca capiente, aggiungete le uova, coprite e lasciate riposare per 1 mese. Lessare le uova prima di cuocerle con il riso.

Uova di soia

Serve 4

4 uova

120 ml/4 fl oz/½ tazza di salsa di soia

120 ml/4 fl oz/½ tazza di acqua

50 g/2 once/¼ tazza di zucchero di canna

½ cespo di lattuga tritata

2 pomodori a fette

Mettete le uova in una padella, coprite con acqua fredda, portate a bollore e fate cuocere per 10 minuti. Scolare e lasciare raffreddare sotto l'acqua corrente. Rimettete le uova nella padella e aggiungete la salsa di soia, l'acqua e lo zucchero. Portare a ebollizione, coprire e cuocere per 1 ora. Disporre la lattuga su un piatto da portata. Tagliare le uova in quarti e disporle sopra la lattuga. Servire guarnito con pomodorini.

Uova Di Tè

Serve 4–6

6 uova

10 ml/2 cucchiaini di sale

3 bustine di tè cinese

45 ml/3 cucchiai di salsa di soia

1 spicchio di anice stellato, spezzato

Mettete le uova in una padella, coprite con acqua fredda e portate a bollore lento e fate cuocere per 15 minuti. Togliere dal fuoco e mettere le uova in acqua fredda finché non si raffreddano. Lascia riposare per 5 minuti. Togliete le uova dalla padella e rompete delicatamente i gusci, senza però rimuoverli. Rimettete le uova nella padella e copritele con acqua fredda. Aggiungere gli ingredienti rimanenti, portare a ebollizione e cuocere per 1 ora e mezza. Lasciare raffreddare ed eliminare la pelle.

crema pasticciera

Serve 4

4 uova sbattute

375 ml/13 fl oz/1½ tazza di brodo di pollo

2,5 ml/½ cucchiaino di sale

1 erba cipollina (erba cipollina) tritata

100 g di gamberetti sgusciati, tritati grossolanamente

15 ml/1 cucchiaio di salsa di soia

15 ml/1 cucchiaio di olio di arachidi

Mescolare tutti gli ingredienti tranne l'olio in una ciotola profonda e posizionare la ciotola su una teglia con un pollice d'acqua. Coprire e cuocere a vapore per 15 minuti. Scaldare l'olio d'oliva e versarvi sopra la panna. Coprire e cuocere a vapore per altri 15 minuti.

Uova al vapore

Serve 4

250 ml/8 fl oz/1 tazza di brodo di pollo

4 uova leggermente sbattute

15 ml/1 cucchiaio di vino di riso o sherry secco

5 ml/1 cucchiaino di olio di arachidi

2,5 ml/½ cucchiaino di sale

2,5 ml/½ cucchiaino di zucchero

2 erba cipollina (erba cipollina), tritata

15 ml/1 cucchiaio di salsa di soia

Sbattere leggermente le uova con il vino o lo sherry, l'olio d'oliva, il sale, lo zucchero e l'erba cipollina. Scaldare il brodo e incorporarlo lentamente al composto di uova e versare in un piatto fondo. Disporre la pirofila su una gratella nella vaporiera, coprire e cuocere a vapore per circa 30 minuti in acqua bollente fino a quando il composto avrà la consistenza di una crema densa. Cospargere con salsa di soia prima di servire.

Milton Keynes UK
Ingram Content Group UK Ltd.
UKHW020918201123
432908UK00020B/2767